LES PRÉCURSEURS

DE LA

FRANC-MAÇONNERIE

AU XVIe ET AU XVIIe SIÈCLE

PAR

CLAUDIO JANNET

PARIS
VICTOR PALMÉ, ÉDITEUR DES BOLLANDISTES
76, RUE DES SAINTS-PÈRES, 76

BRUXELLES, SOCIÉTÉ BELGE DE LIBRAIRIE
ANCIENNE MAISON GOEMARE, RUE DES PAROISSIENS, 72

1887

A SA GRANDEUR

MONSEIGNEUR FAVA

ÉVÊQUE DE GRENOBLE

DÉDIÉ RESPECTUEUSEMENT

LES PRÉCURSEURS
DE LA
FRANC-MAÇONNERIE
AU XVIe ET AU XVIIe SIÈCLE

PAR

CLAUDIO JANNET

PARIS
VICTOR PALMÉ, ÉDITEUR DES BOLLANDISTES
76, RUE DES SAINTS-PÈRES, 76
BRUXELLES, SOCIÉTÉ BELGE DE LIBRAIRIE
ANCIENNE MAISON GOEMARE, RUE DES PAROISSIENS, 72

1887

LES PRÉCURSEURS DE LA FRANC-MAÇONNERIE

AU XVIe ET AU XVIIe SIÈCLE

TIRÉ A 250 EXEMPLAIRES

LES PRÉCURSEURS DE LA FRANC-MAÇONNERIE

AU XVIe ET AU XVIIe SIÈCLE

I. — Les traditions manichéennes et templières.

Le rôle considérable qu'a eu la Maçonnerie dans la préparation de la Révolution française et dans sa propagation à travers le monde, est un fait acquis aujourd'hui à l'histoire. Non seulement les loges ont été les foyers d'où se sont répandues dans les classes lettrées les idées antireligieuses et antisociales des *Philosophes ;* mais encore elles ont fourni des centres de formation et des éléments de recrutement aux nombreuses sociétés secrètes, qui ont fait avorter le mouvement de réforme nationale et amené l'explosion révolutionnaire [1].

Un autre problème historique fort intéressant est celui des origines de cette étrange société, qui se manifeste pour la première fois à Londres en 1717, mais qui prend dans peu d'années une prodigieuse extension et apparaît dès la première heure avec tout le programme doctrinal dont le XVIIIe siècle allait voir la réalisation.

Elle avait évidemment des racines dans le passé.

On a cherché son origine dans la tradition du gnosticisme, qui a traversé tout le moyen âge, où elle se manifesta par l'hérésie manichéenne des Albigeois et finit par s'emparer du puissant ordre du Temple. Les procès-verbaux des instructions dirigées contre les

1. A toutes les preuves qu'a réunies le P. Deschamps dans son grand ouvrage *les Sociétés secrètes et la Société,* (6e édition 1882. Séguin à Avignon et Oudin à Paris.) liv. II, chap. IV, V, VI, et liv. III, chap. I et II, nous ajouterons le plan élaboré par Mirabeau en 1776 dans le *Mémoire du frère Arcesilas sur un ordre secret à établir au sein de la franc-maçonnerie.* Ce mémoire a d'abord paru dans les *Mémoires de Mirabeau* par Lucas de Montigny, et a été reproduit en 1882 dans la Revue *la Révolution française.* Il met à nu le complot révolutionnaire et les moyens d'action qu'il trouvait dans les loges, où alors tant d'honnêtes gens étaient exploités par d'habiles meneurs.

Templiers constatent chez eux des pratiques et des doctrines, dont l'identité avec les rites et les enseignements des hauts grades du XVIIIe siècle est frappante. Weishaupt et tous les esprits supérieurs de la secte n'ont cessé de recommander l'étude des doctrines gnostiques à ceux qui voulaient avancer dans la science maçonnique. S'appuyant sur ces rapprochements, Barruel et le P. Deschamps ont regardé les Manichéens et les Templiers comme les ancêtres des francs-maçons modernes. Ils eussent pu encore invoquer à l'appui de leur thèse l'existence en Orient jusqu'à nos jours de la grande secte des Ismaéliens[1], qui date des premiers siècles du moyen âge, et qui, après avoir bouleversé tout le monde de l'Islam et avoir pénétré les Templiers, conserve encore actuellement une organisation hiérarchique, des procédés de propagande et une doctrine absolument analogue à celle de la maçonnerie européenne.

La filiation doctrinale est incontestable. En est-il de même de la filiation historique ?

Ce qui rend la question douteuse, c'est qu'on n'a pas constaté authentiquement jusqu'ici la pratique de hauts grades aux rites Templiers avant le milieu du XVIIIe siècle. C'est vers 1750 seulement qu'ils sont propagés en France, en Allemagne, et l'on a fabriqué à cette époque quantité de faux documents pour accréditer l'origine antique de ces nouveaux systèmes maçonniques[2]. Or les fon-

1. V. à la fin de ce travail l'appendice no 1 sur la secte des Ismaéliens.

2. Parmi ces documents apocryphes, nous rappellerons seulement la charte de transmission des pouvoirs de Larmenius, prétendu successeur de Jacques Molay, publiée par Grégoire, *Histoire des sectes religieuses*, 2e édit., t. II, p. 399 et suiv ; le *Leviticon* ou exposé des principes fondamentaux de la doctrine des chrétiens primitifs, Paris, in-8°, 1831 ; *Die geheimstatuten des Ordens der Tempelherren nach der Abschrift eines vorgeblich im Vatikanischen Archive befindlichen Manuscriptes* herausgeben von Dr Merzdorf, in-8o, Halle, 1877. La fausseté de ces documents a été absolument démontrée par le docteur Hans Prutz dans son important ouvrage *Geheimlehre und geheimstatuten des Tempelherren Ordens*, in-8o, Berlin, 1879. Sur la formation des hauts grades, l'ouvrage le plus sûr est *Die entstehung der Rittergraden in der Freimaurerei um die Mitte des XVIII Iahrhunderts nach den œltesten freimaurerischen Han dund Druckschriften* bearbeitet von br. : G. A. Schiffmann, in-8o, Leipsig, 1882.

Dès leur fondation, les francs-maçons avaient cherché à se rattacher aux anciens ordres militaires du moyen âge. « Les frères dans les pays étrangers, dit Anderson « dans *le Livre des Constitutions*, édit. de 1723, p. 82, ont ainsi découvert que la « plupart des anciens ordres nobles et sociétés maçonniques ont tiré leurs devoirs et « règlements des francs-maçons, ce qui prouve qu'il est le plus ancien ordre sur la « terre ; » Cette assertion, répétée encore dans l'édition de 1738 et dans la traduction allemande de 1741, a été supprimée dans les éditions postérieures.

dateurs de ces grades pouvaient parfaitement en avoir puisé les éléments dans les divers procès des Templiers, qu'avait fait connaître l'ouvrage de Dupuy publié en 1654 [1].

D'autre part, après la condamnation des Templiers, on ne trouve plus que fort peu de mentions de l'hérésie manichéenne. On peut supposer que la confrérie des Frères pontifes, supprimée à Lyon en 1313 par l'autorité ecclésiastique *pour de justes* et *raisonnables motifs,* et qui avait pour emblème une croix accostée du soleil et de la lune, comme les Templiers [2], était sous l'influence de l'ordre coupable. Des Lucifériens sont encore signalés, en 1338, en Bohême et dans les pays du Rhin [3]. On trouve, de 1324 à 1351, en Irlande, la trace d'un groupe d'hérétiques manichéens qui s'étaient recrutés chez les seigneurs anglais établis dans le pays et que protégeait de sa connivence l'archevêque anglais de Dublin. Le courageux évêque franciscain d'Ossory parvint, après de longues luttes et l'énergique intervention des papes Clément V, Benoît XII, Clément VI, à démasquer les coupables et à écraser ce foyer de corruption, où, comme chez les Templiers, le culte du démon était accompagné des pratiques les plus immorales [4].

Mais, après ces dernières manifestations, nous ne trouvons plus en Europe de trace importante du Manichéisme. Les hérésies du XIVe et du XVe siècle sont, les unes, des déviations du mouvement franciscain : — Tels sont les Fraticelli, les Begghards, les Flagellants, sectes exaltées et désordonnées qui se recrutent dans la populace des villes et les déclassés du régime seigneurial. — Les autres sont le commencement du rationalisme et se manifestent d'abord dans les universités : ce sont les Lollards des bords du Rhin, les Wicklefistes et les Lollards anglais, les Hussites de Bohême. Le Protestantisme les revendique à bon droit comme ses ancêtres immédiats. Quant à la

1. *Traité concernant l'histoire de France sçavoir la condamnation des Templiers...* par Pierre du Puy, Paris, chez Mathieu Dupuys, libraire, 1654, in-4o. Plusieurs autres éditions furent publiées avant la fin du siècle.

2. V. Art. de M. J. Vaesen, dans la *Revue catholique des Institutions et du droit* de 1877.

3. V. Loiseleur, *la Doctrine secrète des Templiers,* et Hans Prutz, op. cit.

4. *A contemporary narrative of the proceedings against dame Alyce Kyteler prosecuted for sorcery in 1324 by Richard de Lederede, bishop of Ossory,* edited by Thomas Wright, London, Camden Society, in-8°, 1843 ; et les documents publiés par le P. Theiner. *Vetera monumenta Hibernorum et Scotorum historiam illustrantium.* Romæ, 1864, in-f°, nos 413, 531, 532, 570, 571, 598, 599 ; Cf. Baronius, *Annales Ecclesiastici* ad annum 1335.

doctrine manichéenne, elle se perpétue obscurément dans les pratiques de la sorcellerie sous le nom de Vauderie. Elle ne s'est jamais complètement perdue. Quoique bien souvent la crédulité publique et aussi d'odieuses vengeances aient exagéré les prestiges attribués aux Vaudois du XVIe siècle, quoique souvent aussi leurs sabbats n'aient été que des réunions de débauche et de vices contre nature, on doit admettre qu'ils avaient quelque chose de réel. Comment le nier quand ils revivent dans les rites du culte diabolique des spirites et des médiums contemporains[1] ? Mais ces groupes-là ne nous paraissent pas avoir exercé d'influence sur le mouvement général des idées qui aboutit à l'explosion du Protestantisme. Après, ils s'enfoncent encore plus profondément dans les sentines souterraines du vice et du crime.

La lacune entre les francs-maçons de 1717 et les Templiers du commencement du XIVe siècle reste donc jusqu'à présent presque complète. Nous disons jusqu'à présent ; car nous croyons que la mémoire de beaucoup de faits et de bien des personnages fort actifs en leur temps a disparu de l'histoire. Des découvertes dans les archives inépuisables du moyen âge pourraient apporter à cette question des éléments nouveaux. En attendant, le plus sûr nous a paru de prendre pour point de départ la première manifestation de la secte des francs-maçons, qui se produit à Londres en 1717, et de rechercher, en remontant le cours des temps, les points de contact qui la relient aux ennemis du christianisme et de l'ordre social dans les deux siècles précédents.

II. — Rapports des francs-maçons avec les anciennes corporations des free-masons et des Steinmetzen.

En 1717, à Londres, un groupe d'hommes de lettres, parmi lesquels on remarque Anton Stayer, le médecin Desaguliers, Georges Payne, le révérend James Anderson et, au milieu d'eux, quelques seigneurs tels que Lord Montagu, constituent la *grande loge d'Angleterre,* avec quatre loges *qui existaient auparavant et dont ils fai-*

1. V. la bulle de Jean XXII en 1326 *Super illius specula* contre ceux qui sacrifiaient aux démons. V. Bourquelot, *les Vaudois au XVe siècle,* dans la *Bibliothèque de l'Ecole des chartes.* 2e série, t. III; l'introduction de Thomas Wright à la publication mentionnée dans la note précédente; César Cantu, *Histoire des Italiens,* t. VI, p. 348, t. VIII, p. 352 et suiv. (trad. franç.)

saient partie. En 1723, Anderson en publie les statuts sous ce titre : *les Constitutions des francs-maçons* [1].

Dans ces constitutions, il n'est question que des trois grades fondamentaux d'apprenti, compagnon et maître, qui constituent encore aujourd'hui la base de tous les rites maçonniques et sont appelés les grades symboliques.

Sans dissimuler que par certains côtés ils font une œuvre nouvelle, les auteurs des *Constitutions* conservent dans leur rituel les formes extérieures de la grande corporation du moyen âge, qui s'appelait en Angleterre les *Free-masons* et qui paraît avoir été une branche des *Steinmetzen* allemands, auxquels on doit la cathédrale de Strasbourg et tant d'autres merveilleux monuments du XIVe et du XVe siècle. Quand les derniers ouvriers qui, en Allemagne, gardaient la tradition authentique des *steinmetzen* rencontrèrent, au XVIIIe siècle, les francs-maçons, dont l'initiation remontait à la Grande Loge d'Angleterre, ils reconnurent chez eux leurs antiques attouchements et signes de reconnaissance [2]. Encore aujourd'hui, en Angleterre, les ouvriers maçons, lorsqu'ils entrent dans une loge, ont le privilège de ne payer que la moitié des droits ordinaires. Jusqu'au milieu du XVIe siècle, les *free-masons* anglais formaient une grande corporation composée d'ouvriers du bâtiment, qui n'admettait dans son sein que des hommes libres, se distinguait soigneusement des maçons ordinaires (*rough masons*), et gardait, avec le secret de son art, des signes de reconnaissance particuliers et des légendes fantastiques sur l'histoire de leur métier. Ces légendes étaient absolument semblables à celles que se transmettent les *Compagnons du devoir* de nos jours et qui remontent elles aussi au moyen âge [3]. Ces légendes et les règles des *Free-masons* anglais comme ces vieux rites des *Steinmetzen* allemands n'ont rien d'hostile aux dogmes chrétiens ni aux pratiques du catholicisme. Leur centre

1. *The constitutions of the Freemasons containing the history, charges, regulations, etc., of the most ancient and right worshipful Fraternity for the use of the Lodges* (London 1723). Anderson en a publié une édition révisée et plus développée en 1738.

2. V. Janner *die Bauhütten des deutschen Mittelalters* (Leipsig, 1876, in-8o) p. 141. Comparez, à la fin de la 4e édit. de la *Geschichte der Freimaurerei* de G. Findel (Leipzig, 1878, in-8o), les signes de reconnaissance des *Steinmetzen* allemands et des anciens *free-masons* anglais.

3. *V. The early History of Free masonry in England* by James Orchard Haliwell, in-12, London, 1840, et les trois premiers volumes de l'*History of Freemasonry* par Gould, in-4o, London, 1883-1885.

était à York, où le grand œuvre du Munster avait fixé leur *mère loge.*

A partir des dernières années du XVIe siècle, les *Free-masons* anglais, tout en conservant les signes, les attouchements et l'organisation secrète du moyen âge, reçurent dans leur corporation des personnages divers étrangers à l'art du bâtiment : de là l'épithète de *free and accepted masons* [1]. Une tradition, très répandue, affirme qu'ils prirent une part active dans les guerres civiles du temps de Charles Ier et de Cromwell. Aucun document du temps n'y fait allusion ; mais un certain nombre de manuscrits de cette époque constatent l'admission dans l'ordre de seigneurs, de pasteurs, de gens de lettres. C'est ainsi qu'Elias Ashmole, ainsi qu'il le raconte lui-même, avait été reçu vers 1646. Il avait formé une collection de documents sur l'histoire de la maçonnerie qu'en 1720 on brûla, comme pouvant compromettre l'ordre, devant qui de nouvelles destinées s'ouvraient [2]. La corporation des *Free-Masons* existait aussi dès le moyen âge en Ecosse. Les loges de ce pays étaient très nombreuses et recevaient beaucoup de membres étrangers dès le XVIIe siècle. Après la Restauration, les princes de la maison de Stuart étaient les hauts protecteurs de la corporation. Dans leur exil, Jacques II et Charles-Edouard en conservèrent le titre. C'est ce qui explique comment, en 1689, les réfugiés écossais purent établir une loge à Saint-Germain-en-Laye [3] et surtout comment plus tard Ramsay et Charles-Edouard se laissèrent aller à l'idée d'utiliser pour leurs projets de restauration l'organisation maçonnique, qui commençait à être répandue dans toute l'Europe.

La loge mère d'York continuait à fonctionner : de 1726 à 1730, elle manifesta une certaine activité et ne protesta nullement contre la fondation et la conduite de la Grande Loge d'Angleterre. Son maître ou président Drake lui donnait une direction politico-religieuse analogue. Dès 1721, James Anderson alla visiter les loges

1. V., outre l'ouvrage cité à la note précédente, les manuscrits d'Aubrey et de Plott qui datent du XVIIe siècle et sont analysés dans l'*Allgemeines Handbuch der Freimaurerei* (2e édit. Leipsig), vo Plott, t. III, et vo Aubrey, t. III, aux *Nachtrage.* V. aussi, dans la *Biographia Brittanica,* la notice sur Ashmole.

2. V. l'art. Ashmole, dans la *Biographia Brittanica.* Parmi les manuscrits, qui furent ainsi brûlés, il en était un de Nicolas Stone, surveillant de la loge de Londres des *Free-masons* au temps d'Inigo Iones, c'est-à-dire avant 1618. *V. Allgemeines Handbuch der Freimaurerei,* vo Payne.

3. V. H. de Loucelles, *Notice historique sur la R. L. Bonnefoi O. de Saint-Germain.* Saint-Germain en Laye, 1874, in-4o.

d'Edimbourg, où il fut parfaitement accueilli, ainsi que le constatent leurs procès-verbaux [1].

La grande loge de Londres, la loge mère d'York, la loge mère de Kilwining, en Ecosse, furent les centres où se formèrent les rites si nombreux pratiqués depuis. Il est important de constater que, dès 1717, ils étaient déjà arrivés au même point de vue doctrinal.

III. — Le caractère naturaliste et antichrétien des loges.

La nouvelle institution fit de rapides progrès. En 1717, il y avait seulement quatres loges à Londres : en 1723, elles étaient au nombre de vingt. Cet essor rapide s'explique par les idées qu'elles propageaient. Il y a, en effet, dans le *Livre des constitutions* d'Anderson, deux principes qui, sans doute, existaient à l'état latent depuis un certain temps dans les loges anglaises, mais qui différencient profondément la secte moderne des anciennes corporations du moyen âge : ces principes sont le *déisme* et la *religion naturelle*, c'est-à-dire la négation de toute révélation, et l'indépendance de la morale vis-à-vis du dogme religieux. La loge est ouverte aux hommes de toutes les religions, parce que la morale qu'elle enseigne est supérieure à toutes et permet de réaliser la vertu sans s'embarrasser de leurs prescriptions. Les frères s'engagent par serment à ne pas attenter à l'honneur de la femme ou de la fille d'un maître maçon, et l'importance attachée à ce serment laisse à supposer qu'un devoir semblable n'existe pas en dehors de la fraternité.

Les mêmes idées sont indiquées dans le premier livre publié sous les auspices des loges en 1720. *The long Livers*, tel est son titre. L'auteur, Camber, qui se cache sous le pseudonyme de *Philalethes Junior*, dans sa préface dédiée au maître et aux membres de la grande loge de Londres, exhorte les frères à ne s'occuper ni de politique ni de religion, tout en accordant, pour la forme, des éloges au christianisme [2].

On reconnaît là les principales idées qui vont avoir cours au

1. Findel, *Geschichte der freimaurerei*, 4e édit. (Leipzig, 1878), p. 270 et p. 240; Gould, *History of freemasonry*. (London, in-4°, 1879-1885, t. II.)

2. Les principaux passages de ce livre fort rare sont reproduits par Gould, *History of Freemasonry*, t. III, p. 124-127.

XVIIIe siècle sous le nom menteur de *philosophie* et former la morale courante des *honnêtes gens*... qui ne sont plus des chrétiens.

La rapidité avec laquelle la nouvelle institution anglaise se propagea dans tout le continent européen est un des faits qui frappent le plus quand on étudie l'histoire de cette époque. En France, en particulier, grands seigneurs, gens de lettres et parlementaires, se firent initier à l'envi. Ce fut une affaire de mode, contre laquelle les ordonnances de police se trouvèrent aussi impuissantes qu'elles l'avaient été au siècle précédent contre le luxe des habillements [1]. Mais cet engouement des hautes classes ne signifiait nullement que la maçonnerie fût chose inoffensive. Il est curieux de noter que la Papauté ne fut pas la première à condamner la nouvelle secte. Elle avait été devancée par les Etats généraux de Hollande qui, en 1735, la défendirent sous des peines sévères dans toute l'étendue des Provinces-Unies. On avait découvert à Utrecht une loge dans laquelle des actes graves d'immoralité avaient été commis. Les Etats généraux jugeaient les constitutions de la loge contraires à la foi chrétienne et ils regardaient à bon droit comme une invitation au renversement des gouvernements établis un article à double entente, qui se trouvait déjà dans les constitutions d'Anderson, et qui était ainsi conçu :

« Si quis confrater res novas adversus principem aut rempu-
« blicam moliretur, eum reliqui sodales deberent non quidem imi-
« tari neque e societate ea propter exturbare sed illius vicem
« dolere [2]. »

En 1738, l'année même où le pape Clément XII lançait la première Bulle contre la franc-maçonnerie, le magistrat de Hambourg l'interdisait. Quelques années après, c'était, pour ne citer toujours que les puissances non catholiques, la République de Berne, la Porte Ottomane (1751), le magistrat de Dantzick (1763). L'édit de ce dernier résume tous ceux des autres gouvernements. Il est intéressant de le rappeler, après la récente Encyclique de Léon XIII :

Vu que nous avons appris que ces soi-disant francs-maçons, en recommandant certaines vertus, cherchent à miner les fondements du christianisme, à introduire l'esprit d'indifférence contre cette doctrine, et ce, pour

1. V. *Revue des questions historiques*, t. XVIII, art. de M. Ch. Gérin, *Les Francs-Maçons et la Magistrature française au XVIIIe siècle.*

2. V. *Histoire générale des cérémonies et coutumes religieuses de tous les peuples*, par Banier. Paris, 1741, in-folio, t. IV, pp. 334 à 342.

la remplacer par la religion naturelle ; qu'ils ont établi, pour parvenir à ce but pernicieux, des statuts cachés qu'ils communiquent sous un serment qu'ils font prêter à leurs candidats, serment plus terrible qu'aucun autre exigé par un souverain à l'égard de ses sujets ; qu'ils ont une caisse expressément destinée au but pernicieux de leurs intentions dangereuses, laquelle ils augmentent continuellement par des cotisations qu'ils exigent de leurs membres ; *qu'ils entretiennent une correspondance intime et suspecte avec les sociétés étrangères de la même espèce......* »

Pour que des gouvernements protestants se décidassent à proscrire une secte condamnée solennellement par Rome, il fallait qu'ils eussent eu des révélations de nature à fixer leur opinion sur son caractère antichrétien et révolutionnaire. Depuis lors il s'est toujours trouvé parmi les protestants des hommes sincères, qui ont compris que la maçonnerie, quoique son grand effort soit dirigé contre le catholicisme, tend aussi à détruire tout christianisme, et qui ont lutté dans la mesure de leurs forces contre sa pénétration dans leurs confessions particulières.

IV

Le Pantheisticon de Toland et les sodalités socratiques.

La rapide propagation de la maçonnerie dans l'Europe entière et l'importance qu'elle prit en peu d'années prouvent que les quelques hommes qui fondaient la loge d'Angleterre en 1717 et écrivaient les constitutions de 1723 n'étaient pas isolés dans le monde, et sans ramifications ni précédents.

Desaguliers, Georges Payne, Anderson, appartenaient par leurs écrits et leurs relations à l'école philosophique, qui est connue sous le nom des *déistes* anglais, et dont les plus célèbres représentants furent Bolingbrooke, Collins, Wolston, Tindall, Toland.

Ce dernier avait déjà publié une foule d'écrits où il attaquait à fond le christianisme, niait la divinité de Jésus-Christ et posait les thèses de la religion naturelle. Arrivé à la fin de sa vie, il imprima secrètement, en 1720, et répandit avec grand mystère un livre étrange écrit en latin et intitulé *Pantheisticon*[1]. Il est dédié *lectori*

1. En voici le titre complet : *Pantheisticon sive Formula celebrandæ sodalitatis socraticæ in tres particulas divisa ; quæ Pantheistarum sive sodalium continent 1° mores et axiomata, 2° numen et philosophiam, 3° libertatem et non fallentem legem neque fallendam. Prætermittitur de antiquis et novis eruditorum sodali-*

philomatho et philalethi, expressions dont nous verrons l'origine un peu plus loin. Toland y décrit les réunions des *sodalités socratiques*.

Les *confrères* s'assemblent aux *solstices* et aux *équinoxes* pour célébrer des banquets d'où les profanes, même les serviteurs, sont rigoureusement exclus.

« Là, dit-il, ne s'embarrassant ni des cultes ni des lois de leur patrie, ils discourent, avec le plus libre jugement, des choses sacrées, comme on les appelle, et des profanes, après avoir au préalable mis de côté certains préjugés. » Les rituels de ces réunions sont presque mot pour mot ceux des *tenues de table* des loges actuelles, et les discours du Président ont une frappante analogie avec les allocutions que les *tuileurs* maçonniques mettent dans la bouche des vénérables et des orateurs. On en jugera par quelques passages :

LE PRÉSIDENT [1]

Faites silence. Que cette réunion (et il n'y a rien qu'on n'y doive penser, dire, faire,) soit consacrée à la vérité, à la liberté, à la santé, triple objet des vœux des sages.

L'ASSISTANCE

Et maintenant et toujours.

LE PRÉSIDENT

Appelons-nous égaux et frères.

L'ASSISTANCE

Confrères aussi et amis.

LE PRÉSIDENT

Loin de nous la contention, l'envie et l'opiniâtreté.

L'ASSISTANCE

Que parmi nous règnent la docilité, la science et l'urbanité.

LE PRÉSIDENT

Aimons les jeux et les ris.

L'ASSISTANCE

Que les muses et les grâces nous soient propices.

tatibus ut et de universo infinito et æterno diatriba. Subjicitur de duplici Pantheistarum philosophia sequenda ac de viri optimi et ornatissimi idea dissertatiuncula, Cosmopoli, MDCCXX, in-8°.

1. Nous nous servons ici de la traduction qu'a publiée de quelques-uns de ces passages M. Nourrisson dans la *Revue de France* du 30 novembre 1876. Mais nous traduisons par *président* le mot latin de *modiperator*, dont se sert Toland. Elle a beaucoup plus d'analogie avec l'expression anglaise de *master of lodge* que l'expression de *Roi du festin*, par laquelle M. Nourrisson l'a rendue.

LE PRÉSIDENT

Ne jurons par la parole de personne.

L'ASSISTANCE

Non, fût-ce par la parole de Socrate lui-même.
Nous exécrons toute *Hierotechnie*.

LE PRÉSIDENT

Afin pourtant que, sous les auspices d'autorités convenables (la liberté restant toujours sauve), sous les auspices des meilleurs des hommes, nous accomplissions tout selon les rites, écoutez, très chers confrères, les paroles de Marcus Porcius Caton, le très grave censeur, telles que les rapporte Cicéron, le très saint Père de la Patrie, dans le treizième chapitre du *Traité de la vieillesse*..

L'ASSISTANCE

Nous sommes dévoués à la vérité et à la liberté, afin de pouvoir être délivrés de la tyrannie et de la superstition...

....

LE PRÉSIDENT

Scrutons les causes des choses, afin de vivre joyeux et de mourir tranquilles.

L'ASSISTANCE

Afin de rendre l'âme, délivrés de toute crainte, sans être exaltés par la joie, sans être abattus par la tristesse.

LE PRÉSIDENT

Afin de nous moquer des terreurs du vulgaire et des fictions des charlatans, chantons des vers d'Ennius.

....

LE PRÉSIDENT

Ecartez le profane vulgaire.

L'ASSISTANCE

Tout est fermé et sûr.

LE PRÉSIDENT

Dans le monde, toutes les choses sont l'Un et l'Un est Tout en toutes choses.

L'ASSISTANCE

Ce qui est Tout en toutes choses, c'est Dieu, éternel et immense, ni engendré, ni périssable.

LE PRÉSIDENT

C'est en lui que nous vivons, que nous mourons et que nous existons.

L'ASSISTANCE

De lui est né tout être, et tout être retournera ensuite à lui, car il est pour toutes choses le principe et la fin.

LE PRÉSIDENT

Chantons un hymne sur la nature et l'Universel.

LE PRÉSIDENT ET L'ASSISTANCE

Quel qu'il soit, l'Universel anime, forme, nourrit, accroît, crée toutes choses ; il ensevelit et reçoit en soi toutes choses ; de toutes choses il est le père ; c'est en lui que toutes choses, qui sortent de lui, retournent finalement et périssent.

. . . .

L'ASSISTANCE

Pour bien vivre, la vertu suffit seule et devient à elle-même une ample récompense.

LE PRÉSIDENT

Ce qui est honnête, cela seul est bien.

L'ASSISTANCE

Et il n'y a d'utile que ce qui est louable.

LE PRÉSIDENT

Maintenant il faut lire distinctement le *Canon philosophique* et vous y devez, très chers Frères, prêter la plus scrupuleuse attention.

L'ASSISTANCE

Si la contemplation de la nature est agréable, très utile en est la science ; c'est pourquoi nous sommes attentifs, nous réfléchirons et jugerons.

. . . .

L'ASSISTANCE

Nous ouvrons nos oreilles et nous élevons nos cœurs.

LE PRÉSIDENT

[Il lit le passage si connu de la *République* de Cicéron sur la loi naturelle, qui commence par ces mots : *Est quidem vera lex recta ratio, etc.*]

L'ASSISTANCE

C'est par cette loi que nous voulons être régis et gouvernés et non point par les mensongères et superstitieuses fictions des hommes.

LE PRÉSIDENT

Les lois imaginées ne sont ni claires, ni universelles, ni toujours les mêmes, ni jamais efficaces.

L'ASSISTANCE

Elles ne sont donc utiles qu'à très peu, ou plutôt elles ne le sont à personne, si ce n'est à ceux-là seuls qui les interprètent.

LE PRÉSIDENT

Cependant, prêtez l'oreille. (Il lit un passage du *Traité de la Divination,* où Cicéron s'élève contre la superstition, concluant que s'il faut propager la religion, qui est conforme à la connaissance de la nature, il est nécessaire de déraciner la superstition.)

L'ASSISTANCE

Le superstitieux ne veille ni ne dort tranquille ; ni il ne vit heureux, ni il ne meurt en sécurité ; vivant et mort, il devient la proie des prestolets.

LE PRÉSIDENT

La durée de vie que la nature accorde à chacun,

L'ASSISTANCE

Chacun doit en être content.

....

LE PRÉSIDENT

Comme la naissance a été pour nous le commencement de toutes choses, ainsi la mort sera le terme.

L'ASSISTANCE

Comme rien ne nous a concernés avant la naissance, rien non plus ne nous concernera après la mort.

....

LE PRÉSIDENT

L'opinion seule et la coutume exigent une pompe funèbre et des funérailles.

L'ASSISTANCE

Il faut donc les mépriser pour nous, mais non les négliger pour les autres.

On s'est demandé si ces cérémonies bizarres et ces réunions ont existé réellement ou bien sont des conceptions de l'imagination de Toland. Le *Panthéisticon* lui-même les présente comme chose parfaitement réelle. Il y est dit en propres termes : « Beaucoup de « membres de cette société se trouvent à Paris, d'autres à Venise, « dans toutes les villes hollandaises, principalement à Amsterdam, « et même, dût-on s'en étonner, dans la cour de Rome. Mais le plus « grand nombre est à Londres. » Et il ajoute, pour mieux préciser : « Je ne parle, bien entendu, ni de l'Académie royale de Londres ni « de l'Académie qui est à Paris. » (P. 42.) Chacune de ces indications doit être retenue ; d'autres indices, nous le verrons, en confirment la vérité.

A la fin de son livre, Toland dévoile la tactique qui va être adoptée dans les loges : « On reproche, dit-il, aux Philosophes d'avoir « une doctrine double, une qu'ils accommodent aux dogmes vulgai- « rement reçus et une entre eux esotérique. Mais ils font très sage- « ment, car autrement le monstre de la superstition les dévorerait. « Ils ont donc raison d'avoir une chose dans la pensée et les entre- « tiens privés, une autre dans les discours publics et dans la vie « extérieure. » (PP. 75 à 80.)

Les *sodalités socratiques* de Londres, siège principal de la secte, sont les loges maçonniques, qui venaient précisément d'affirmer leur existence. Qu'on n'objecte pas une prétendue opposition entre le *panthéisme* de Toland et le *déisme* qu'elles affectent. Ce déisme est purement négatif; il n'a d'autre signification que de nier la Trinité et la Révélation, les deux vérités fondamentales du Christianisme, et de poser en thèse la liberté de penser absolue pour tout homme [1]. C'est une concession aux habitudes intellectuelles des adeptes, comme le *grand architecte de l'Univers* l'est aujourd'hui chez certaines fractions de la Maçonnerie. Actuellement encore, dans les rituels du *rite Ecossais ancien accepté*, qui a le plus conservé la physionomie du XVIIIe siècle, le déisme et le panthéisme se coudoient et se confondent constamment, sans que les meneurs de la secte y attachent aucune importance [2].

On n'a qu'à relire dans le tome I de l'ouvrage du Père Deschamps (*Liv. I, les Doctrines de la Franc Maçonnerie*) les nombreux extraits des rituels maçonniques du XVIIIe siècle et de la première moitié de ce siècle-ci et l'on sera frappé d'y retrouver non seulement les mêmes doctrines mais même des phrases entières du *Panthéisticon* [3].

V. — Spinoza et la Nova Atlantis de Bacon.

Dès cette époque, il y avait donc sur tous les points de l'Europe des groupes qui, sous le couvert d'une profonde hypocrisie, constituaient autant de foyers d'antichristianisme. C'est là qu'il faut chercher la

1. Sur les relations de Toland avec la franc-maçonnerie, V. l'*Allgemeines Handbuch der Freimaurerei* (2e édit. Leipzig, 1867) V°. Deismus.

2. Voyez sur le vrai caractère des constitutions de 1723 de la grande loge anglaise et leur identité avec la doctrine des *Libertins*, des articles fort remarquables du frère Schwalbach dans la *Bauhütte* de Leipzig de juillet 1885.

3. Depuis lors, au moins en France et en Allemagne, les rituels ont été modifiés dans leur forme pour les harmoniser avec le langage du Positivisme et du Naturalisme.

véritable origine de la franc-maçonnerie moderne ; car ses rapports avec la corporation des *free masons* sont purement extérieurs. Des circonstances accidentelles déterminèrent seules l'entrée des hommes qui voulaient détruire le christianisme dans les cadres de cette antique organisation.

La vie de certains personnages qui parcourent le monde et trouvent partout des amis, des protecteurs, ne peut s'expliquer que par l'existence et la correspondance de ces groupes. Nous reviendrons un peu plus loin sur l'influence d'un anabaptiste, Amos Comenius, qui a semé les germes à Venise, en Allemagne et en Angleterre, des principes dont l'organisation de 1717 allait assurer la propagation et qui a fini sa carrière à Amsterdam, alors le centre de la libre pensée. Non moins important et bien plus célèbre est Spinoza. Le Père Deschamps fait ressortir ainsi l'importance de son rôle :

« Au milieu du XVIIe siècle (1623-1677), parut un homme dont l'activité comme écrivain et la fortune philosophique sont également remarquables, Baruch ou Benedict Spinoza, ce fils d'un Juif portugais, qui se convertit au protestantisme, mais infiltra dans tout le XVIIe siècle son panthéisme, puisé dans certaines écoles rabbiniques. Son influence a été hors de toute proportion avec son origine, sa situation et sa valeur littéraire. On remarque que ses doctrines philosophiques et politiques sont celles que les loges ont propagées dans le siècle suivant. Spinoza était-il membre de quelque association secrète ? Nous n'avons pu en trouver jusqu'à présent la preuve directe ; mais les appuis qu'il rencontra dans toutes les circonstances de sa vie, la protection que l'électeur palatin Charles-Louis lui assura en lui confiant une chaire de philosophie à Heidelberg, malgré son athéisme notoire, le zèle avec lequel ses amis firent circuler son *Tractatus theologico-politicus,* malgré la prohibition des États généraux de Hollande, et le répandirent sous de faux titres en Angleterre, en France, en Allemagne, en Suisse ; tout cela sont des faits assez extraordinaires et donnent à penser que *d'autres forces étaient en jeu* et travaillaient avec lui [1].

L'un des écrits les plus impies de Toland, ses *Lettres à Serena*, où il prend la défense de Spinoza (1704), sont adressées à la princesse Sophie-Charlotte, femme de l'électeur de Brandebourg, bientôt roi de Prusse sous le nom de Frédéric Ier. Cette princesse avait accueilli l'athée anglais avec grande faveur dans plusieurs voyages

1. *Les Sociétés secrètes et la Société* (6e édition), t. I., p. 329.

qu'il fit en Hanovre en 1700, 1704 et 1707. La cour de Hanovre fut imbue de ses principes, et une princesse de cette famille fut la mère de Frédéric II, qui eût une action si considérable dans la constitution de la Maçonnerie, puisqu'il fut le vrai créateur du *rite écossais* [1].

Fontenelle, s'il faut en croire un écrivain fort versé dans l'histoire des sciences occultes, aurait reçu, à Nuremberg, une initiation qui modifia profondément ses idées [2].

A quelle époque remontaient ces groupes dont nous constatons l'activité dans la seconde moitié du XVIIe siècle ?

L'historien contemporain de la franc-maçonnerie, Findel, ne craint pas d'avancer que la *Nova Atlantis* du chancelier Bacon (né en 1560, mort en 1626) contient indubitablement des données maçonniques :

« Bacon, dit-il, imagine dans ce livre une île de Bensalem et une société secrète. L'île de Bensalem sera, il est vrai, présentée et décrite comme une terre d'asile dans le monde, mais la maison de Salomon et la composition du collège des six jours de la création doivent demeurer cachées au reste du monde et être seulement révélées aux initiés. Les membres du collège trouvent dans la mer un coffre de bois de cèdre duquel sort une tige de palmier verdoyante et dans laquelle sont trouvés les livres bibliques. L'ancien roi et législateur en même temps ne veut pas que les secrets de cette île soient livrés aux étrangers. Les membres du collège s'appellent *frères* [3]. »

Faut-il voir dans les descriptions de Bacon des allusions positives qui ne pouvaient être comprises que des seuls initiés ou bien seulement une fantaisie littéraire dans le goût du temps, comme la *Cité du soleil* de Campanella ou la *Monarchie des Solipses* d'Inchofer ? Nous ne pouvons pas trancher la question. Nous ferons seulement remarquer l'autorité particulière sur ce point de Findel, qui est un esprit très critique et qui a eu le mérite de débarrasser l'histoire de la maçonnerie de beaucoup de fausses légendes. Quoi qu'il en soit, à l'époque précisément où Bacon écrivait, de 1621 à 1623, se manifeste brusquement dans toute l'Europe la secte des Rose-Croix, qui repré-

1. On sait que Frédéric II dut exclusivement sa formation morale et intellectuelle à sa mère Sophie-Dorothée de Hanovre, fille de Georges Ier et de Sophie-Dorothée de Brunschweig-Lunebourg, fameuse par ses déportements.

2. Saint-Yves d'Alveydre, *la Mission des Juifs* (1883, Paris), p. 861.

3. *Geschichte der Freimaurerei* (4e édit. Leipzig, 1872), p. 126. V. aussi Otto Henne am Rynn *Allgemeine Kulturesgchichte.* (Leipzig, 1877-1882), t. V., p. 213.

sente dans la maçonnerie ce courant cabaliste que dès son origine elle a su et réussit encore de nos jours à allier à son principe rationaliste par un étrange syncrétisme.

VI. — La confrérie des Rose-Croix.

La secte des Rose-Croix s'est formée en Allemagne dans les premières années du XVIIe siècle, quoique les adeptes prétendissent la faire remonter deux cents ans plus haut. Elle eut sinon pour fondateur, au moins pour principal propagateur, le pasteur Valentin Andréa, né en 1586, mort en 1654, qui était le petit-fils de Jacob Andréa, l'un des premiers réformateurs. Leur propagande se manifestait par de petits livres mystérieux qui frappaient vivement les imaginations et c'est à Venise probablement que parut, en 1612 ou 1613, le premier ouvrage relatif aux Rose-Croix. La fameuse *Allgemeine und general Reformation der ganzen western Welt,* qui fut publiée à Cassel en 1614, n'en aurait été qu'une traduction. La *Fama Fraternitatis,* qui est de 1615, eut pour auteur un citoyen d'Hambourg nommé Jung. La même année, une traduction en hollandais était publiée. Il ne serait pas impossible, dit Whytehead, à qui nous empruntons ces indications, que d'autres écrits plus anciens de quelques années aient manifesté l'activité de cette secte [1].

En 1622, les adeptes couvrirent les murs de Paris d'affiches manuscrites ainsi conçues :

« Nous, députés de notre collège principal des frères de la Rose-Croix, faisons séjour visible et invisible en cette ville par la grâce du Très-Haut,

1. Whytehead, *Rosicrucianism,* York, 1880, est le seul écrivain qui parle des publications des Rose-Croix à Venise. Nous n'avons pu nous procurer sa brochure, qui n'est pas sortie des mains des frères. Nous la connaissons seulement par un extrait assez développé qu'en a donné le *Freemason,* no du 5 juin 1880. Mais l'auteur se trompe évidemment, quand il indique comme un ouvrage des Rose-Croix les *Ragguagli di Parnasso,* do Trojano Boccalini, qui ont paru à Venise en 1612 et ont eu depuis de nombreuses éditions. Dans le tome Ier, on trouve seulement un chapitre, le LXXXII, dont le titre a, il est vrai, quelque analogie avec l'*Allgemeine und general reformation des ganzen Welt :* il est ainsi conçu : *Generale Riforma dell' Universo da i sette savii della Grecia e da altri letterati pubblicata di ordine di Apollo.* Nous n'avons pu y découvrir qu'un jeu d'esprit fort innocent.

Lenglet Dufrenoy, au tome III de son *Histoire de la philosophie hermétique,* nos 650 à 705, donne les titres de 55 ouvrages sur les Rose-Croix : le premier date de 1609, le dernier de 1652 ; mais sa liste n'est pas complète et M. Whytehead y a beaucoup ajouté. V. aussi Gould, *History of Freemasonry,* t. III.

vers qui se tourne le cœur des Justes. Nous enseignons sans livres ni marques et parlons les langues du pays où nous voulons être pour tirer les hommes nos semblables d'erreur et de mort. »

L'impression causée par ces affiches fut considérable. Les mémoires du temps en ont conservé la trace et les feuilles volantes pour ou contre se multiplièrent de toutes parts [1]. Leur propagande, faite avec le plus grand mystère, en fut favorisée, et c'est pour cela qu'ils avaient eu recours à cette bizarre publicité. Ils s'adressaient particulièrement aux avocats, aux gentilshommes, aux membres des Parlements, dit Naudé dans l'*Instruction à la France sur l'histoire des Frères de la Rose-Croix*, publiée en 1623.

Les frères de la Rose-Croix se présentaient comme possesseurs de merveilleux secrets destinés à prolonger la vie et à transmuter les métaux. Ce leur était une facile introduction auprès du public à une époque où la kabbale était traitée comme une science[2] et où les plus grands personnages croyaient à l'alchimie. Mais sous cette fantasmagorie ils cachaient des desseins plus profonds.

Naudé signalait dans leur doctrine secrète les points suivants dissimulés au milieu d'un fatras d'alchimie :

« Que, par leur moyen, le *triple diadème* du pape sera bientôt réduit en poudre.

Qu'ils condamnent les blasphèmes de l'Orient et de l'Occident, c'est-à-dire de Mahomet et du Pape, et qu'ils ne reconnaissent que deux sacrements, avec les cérémonies de la primitive Église, renouvelées par leur société.

Qu'ils reconnaissent la quatrième monarchie de l'empereur des Romains pour leur chef, aussi bien que tous les chrétiens. »

Les frères de la Rose-Croix prétendaient faire profession de virginité et se donnaient comme les bienfaiteurs de l'humanité.

1. V., dans les *Variétés historiques et littéraires* publiées par Fournier, t. I, p. 116, *Examen sur l'inconnue et nouvelle caballe des frères de la Rose-Croix habitués depuis peu de temps en la ville de Paris, ensemble l'histoire des mœurs, coutumes, prodiges et particularités d'iceux*, d'après l'édition de Paris de 1623; et t. IX, p. 275, *Effroyables pactions faites entre le diable et les prétendus Invisibles.*

2. Sur l'importance qu'avaient les arts occultes au XVIe siècle, V. *les Sciences et les arts occultes au XVIe siècle, Corneille Agrippa, sa vie et ses œuvres*, par Auguste Prost. Paris, 1882, 2 vol. in-8°; et, pour le XVIIe siècle, *Histoire de la philosophie hermétique accompagnée d'un catalogue raisonné des écrivains de cette science* (par Lenglet Dufrenoy), 3 vol. in-12. Paris, 1742. Jacques Ier, roi d'Angleterre, se livrait assidûment aux pratiques de l'occultisme.

On a soutenu que les Rose-Croix n'avaient été qu'une grande mystification, car on ne put se saisir, au moins à Paris, d'aucun affilié. Il en serait donc des Rose-Croix comme de cette secte au langage hiéroglyphique dont Beroalde de Verville parle dans la préface de sa traduction du *Songe de Poliphile* [1] du dominicain Francesso Colonna. Valentin Andréa, leur fondateur, chercha à accréditer cette opinion dans un petit livre publié en 1612, les *Chymicæ nupticæ*, où, pour donner le change, il représente toutes les confréries de ce genre comme de pures allégories.

Cette opinion fut encore insinuée dans un opuscule intitulé : *Advertissement pieux et très utile des frères de la Rosée-Croix, à scavoir s'il y en a ? Quels ils sont ? D'où ils ont prins ce nom et à quelle fin ils ont espandu leur renommée escrit et mis en lumière pour le bien public*, par Henry Neuhous de Danzic, maître en médecine et philosophie P. en Noubisch H. A Paris, MDCXXIII. Le P. Gaulthier disait de ce livre : « *qu'on ne savait pas s'il était pour ou contre les Rose-Croix.* »

C'est là une tactique fort souvent pratiquée depuis par la franc-maçonnerie. Mirabeau devait y avoir recours pour dérouter l'opinion sur le but poursuivi par les Illuminés [2].

Cette supposition ne tient pas devant les témoignages contemporains. Campanella, notamment dans l'édition allemande de son livre *de Monarchia hispanica discursus* (publiée en 1623), signale la

1. *Le tableau des riches inventions couvert du voile de feintes amoureuses qui sont représentées dans le songe de Poliphile* par Beroalde, sieur de Verville. Paris, 1600, in 4°. Un écrivain contemporain, M. G. d'Orcet, croit pouvoir trouver la trace d'une secte se servant d'un langage hiéroglyphique dans les livres à figures du XVIe siècle. V. ses articles de la *Revue britannique* de juin 1881, et de février, d'avril 1884. Sans croire le moins du monde aux *restitutions* de l'histoire de France que se permet l'ingénieux écrivain, l'usage d'une écriture hiéroglyphique au XVe et au XVIe siècle est incontestable. Le fameux abbé Trithémius était l'auteur d'un traité *Steganographia vindicata,* dont les éditions latines et les traductions françaises furent fort en vogue au XVIe et au XVIIe siècle. Dans la préface de ce livre, il dit que ces écritures servent à transmettre de grands secrets et donnent une grande puissance, mais sans aucun art magique.

2. V. Deschamps, *les Sociétés secrètes et la société*, t. II, p. 122. Comme exemple de cette tactique, nous citerons encore une brochure publiée en 1822 par le F. Cauchard Herwilly, sous ce titre : *Des carbonari ou des Fendeurs charbonniers* (Paris, Lhuillier), au moment où Bellart et Marchangy commençaient à poursuivre les carbonari français, qui cherchaient à renverser la Restauration. L'auteur décrit les cérémonies d'un rite maçonnique, celui des cousins charbonniers bons fendeurs d'Artois, pratiqué sous l'Empire, et qu'il présente sous un jour très favorable, de manière à donner le change à l'opinion sur les vrais *carbonari*.

confrérie des Rose-Croix, comme poursuivant systématiquement le bouleversement de la société (p. 357 et suiv.).

Mais voici qui est décisif. Richelieu, qui n'était assurément pas homme à s'en laisser imposer, avait pris les Rose-Croix au sérieux. Il s'exprime ainsi à leur sujet dans ses mémoires à l'année 1624 :

« Quasi en même temps, en France, on commença à découvrir une autre
« compagnie appelée les Rose-Croix et les Invisibles, qui commencèrent en
« Allemagne, des perverses opinions desquelles le P. Gautier et plusieurs
« autres ont écrit, auxquels j'aime mieux me remettre que de parler ici de
« leurs impertinences [1]. »

Le P. Gautier (ou mieux Jacques Gaulthier, en latin Gualterius), dont parle Richelieu, est un savant jésuite qui naquit à Annonay, en 1560, et mourut à Grenoble en 1636. L'ouvrage qui a fait sa réputation est un colossal in-folio intitulé : *Table chronologique de l'estat du Christianisme depuis la naissance de J.-C. jusqu'à l'année MDCVIII, contenant en douze colonnes les Papes et anti-papes, les Conciles....... ensemble le rapport des vieilles hérésies aux modernes de la prétendue Réformation.....* La première édition, qui parut à Lyon en 1609, a été suivie de beaucoup d'autres, où l'infatigable auteur fesait sans cesse des additions. Dans une des dernières, celle de 1626, il parle ainsi des Rose-Croix :

« C'est une secte secrète, qui court depuis quelques années par l'Allemagne, de laquelle on n'est pas bien informé en particulier, parce que telles gens sèment en cachette leur venin, fuyant soigneusement d'estre descouverts. A cette cabale se rapporte un livret que j'ai veu imprimé à Francfort l'an 1618.... qui a pour titre : *Themis aurea hoc est de Legibus fraternitatis R. C. Tractatus, quo earum cum rei veritate convenientia, utilitas publica et privata nec non causa necessaria evolvuntur et demonstrantur. Authore Michaele Maiero imperialis Consist. Comite M. D.*, etc. Au second chapitre de ce livre, sont couchées six loix de cette fraternité R. C.

LA PREMIÈRE : Que personne d'iceux, en faisant voyage, ne ferait autre profession que de guérir les maladies et ce gratuitement.

La II. Que personne ne doit être contrainct pour estre entré à la Fraternité d'user d'un certain genre d'habit ; ains s'accomoder à la coustume du pays.

La III. Qu'un chascun des frères soit tenu de comparaître tous les ans

1. *Mémoires*, liv. XIV, in fine, tome I, p. 286, édit. Michaud. Dans la langue du XVIIe siècle, le mot d'*impertinences* a un tout autre sens qu'aujourd'hui.

au jour C au lieu du S. Esprit ou déclarer par lettres les causes de son absence.

La IV. Qu'un chascun des frères doit eslire une personne propre et idoine pour luy succéder après sa mort.

La V. Que le mot R.-C. leur serve comme de mot du guet, de charadde ou sceau.

La VI. Que cette Fraternité doit être célée durant cent ans.

Le P. Gaulthier poursuit l'analyse de ce manifeste. Après avoir reproduit leurs allégations sur l'antiquité qu'ils prétendent, il cite ce passage-ci :

Que ces frères de R. C. n'ont ny espérance ni intention de faire aucune réformation au monde, en la religion, en la conversion des Juifs, en la police, etc., que quelques arts ont reçu la réformation nécessaire durant ce dernier siècle en Allemagne par Erasme de Rotterdam, Luther, Philippe Melanchton, Paracelse, Tico-Brahe, etc., que le pape de Rome est un tyran au faict de la Religion et de l'Estat.

Tous ces propos, partie énigmatiques, partie téméraires, partie hérétiques, partie suspects de magie, nous donnent occasion de conjecturer que cette prétendue fraternité n'est pas si ancienne qu'elle se fait, ains que c'est un rejeton du Lutheranisme mélangé par Satan d'empirisme et de magie pour mieux decevoir les esprits volages et curieux.

Un écrivain du temps, Neuhous de Dantzick, fait remarquer que les membres de la confrérie des Rose-Croix n'avaient de fréquentation qu'avec les *Sociniens* et les *Anabaptistes*[1]. Qu'y avait-il de plus dissemblable en apparence que des kabbalistes comme les Rose-Croix et les rationalistes extrêmes de la Réforme ? Mais cette fantasmagorie d'alchimie et de Kabbale n'était qu'un masque sous le couvert duquel se ralliaient les ennemis du christianisme, qui voulaient aller jusqu'au bout.

La propagande des frères de la Rose-Croix en France ne réussit pas et les adeptes durent promptement quitter le pays, car la monarchie et l'Église étaient trop bien unies, les idées chrétiennes étaient trop profondément enracinées dans la nation pour qu'ils pussent impunément y demeurer longtemps. Quelques-uns d'entre eux furent saisis et emprisonnés à Malines. Un certain Adam Hazelmeier y fut condamné aux galères et les sectaires, préludant à la

1. *Avertissement pieux et très utile des frères de la Rose-Croix*. Paris, 1623, p. 44.

tactique des philosophes du XVIIIe siècle, le présentèrent comme une victime des jésuites [1].

Il faut peut-être rattacher aux Rose-Croix la société secrète fondée en Italie par le Romain Joseph-François Borri (1617-1685), qui se prétendait inspiré par le ciel pour réformer le monde, rétablir la pureté dans la foi et dans les mœurs, réunir tous les hommes dans une seule religion. A des vues mystiques sur le culte des anges, il mêlait les pratiques de l'alchimie. Chassé de Rome par Alexandre VIII, il se réfugia à Milan où il fit des prosélytes. Comme il cherchait à soulever le peuple contre les Espagnols, il fut condamné par contumace au bûcher et s'enfuit à Strasbourg, d'où il put gagner Amsterdam. Là il fut accueilli comme une victime de l'Inquisition. C'était déjà une position sociale. On le trouve plus tard en Suède, en Danemarck, en Moravie, en Hongrie où il conspirait contre l'empereur qui le livra au saint Office [2].

En Angleterre où le protestantisme avait de longue date ébranlé la foi chrétienne, le terrain était mieux préparé pour leur propagande. Le principal adepte fut le médecin et alchimiste Robert Fludd, (1574-1637) plus connu sous le nom latinisé d'A. Fluctibus, qui publia en 1616 une édition anglaise de la *Fama fraternitatis*. Le père de l'antiquaire Elias Ashmole fut aussi l'un des plus fervents adeptes. Celui-ci, nous l'avons déjà dit, en même temps qu'il continuait la tradition paternelle et s'occupait des sciences occultes, se fit recevoir franc-maçon en 1646 et recueillit une foule de documents sur la maçonnerie qui furent utilisés pour la constitution de la grande loge d'Angleterre en 1717 [3].

Voilà le point de jonction établi entre la nouvelle société qui se forme alors sous le vieux nom des franc-maçons et les sectaires qui depuis un siècle se perpétuaient à travers l'Europe.

Le livre si curieux du Philaletes *the Long livers* dédié en 1720 au *grand maître, maître et gardiens et frères* des loges de Londres indique fort bien dans sa préface qu'il existait au-dessus des trois grades traditionnels, empruntés aux *free-masons*, une *illumination* et une hiérarchie dont il ne revèle pas la nature. Le langage

1. P. Garasse, *la Doctrine curieuse des beaux esprits de ce temps* (Paris, 1623, in-4°). Liv. I. Section 14.

2. Cantu, *Histoire des Italiens*, t. IX, pp. 256-258 (*trad. française*).

3. V. Nicolaï, *Essai sur les crimes imputés aux Templiers*, 1782, *Rosicrucianism* by T. B. Whytehead, York, 1880, *the Freemason* du 6 juin 1880 et la biographie d'Ashmole dans la *Biographia Brittanica*.

qu'il emploie est tout à fait celui de l'alchimie et des Rose-Croix. Les historiens les plus autorisés, Mackay, Whytehead, Yarker, sont unanimes sur ce point.

Comment n'être pas frappé de voir en 1616 Michaël Maier, l'auteur de la *Themis aurea*, dire que la fraternité des Rose-Croix doit demeurer cachée pendant cent ans et en 1717, juste à la date séculaire fixée à l'avance, la société des franc-maçons s'affirmer par un acte public et commencer sa propagande dans le monde ?

On a déjà remarqué dans le *Panthéisticon* de Toland que la Hollande et Venise étaient signalées comme des centres de la secte. C'est à Venise qu'en 1612 est publié probablement le premier livre des Rose-Croix. D'après le témoignage d'un contemporain, l'Allemand Urf (Lud. Conrad. Orvius), il existait, en 1622, à La Haye, une loge de Rose-Croix appartenant aux hautes classes de la société. Ils assuraient avoir des groupes correspondants à Amsterdam, Nuremberg, Dantzick, Erfurth, Mantoue et *Venise*. « Ils portaient en public, dit Orvius, un petit cordon noir; mais, dans leurs assemblées, ils étaient revêtus d'un grand cordon bleu, auquel était suspendue une croix d'or surmontée d'une rose. » Orvius a consigné ces détails dans la préface de l'ouvrage de Montani, *Principes de la science hermétique*, avec une naïveté bien propre à donner du poids à son récit. Il raconte qu'il a fait force voyages pour l'amour de ces gens-là et y a dépensé un patrimoine considérable ; que, tandis que lui-même vivait misérablement, eux menaient à la Haye une vie somptueuse dans des palais magnifiques. Il dit encore que lui Orvius, ayant découvert un livre où l'on trouvait leurs prétendus secrets et fort au delà, ils brûlèrent l'ouvrage et le maltraitèrent [1].

Un critique allemand, Schiffmann, a cherché à déterminer l'époque de l'introduction des hauts grades dans la maçonnerie française et allemande. Il recule cette époque jusque vers 1750, peut-être sans raisons suffisantes, au moins en ce qui touche l'Angleterre, mais il en attribue l'invention à un groupe de Rose-Croix, qui aurait existé encore en ce temps-là en Hollande et en Allemagne et aurait pénétré dans les loges maçonniques créées dans ces pays par des Anglais [2].

1. Nous n'avons pu nous procurer cet ouvrage. Les détails que nous citons au texte sont extraits des *Documents maçonniques* de François Favre (Paris, 1866), p. XXXI, et de l'*History of freemasonry* de Gould, t. III, p. 94.

2. *Die Entstehung der Rittergrade in der Freimaurerei um die mitte des XVIII Jahrhunderts*, par G. A. Schiffmann (Leipzig, 1882, in-8°), p. 81 et 161. Nous ne

Nous publions en appendice, à la fin de ce travail, un manuscrit de la fin du XVIIIe siècle sur les Rose-Croix, qui contient des indications assez curieuses sur l'activité de cette secte pendant le XVIIe et le XVIIIe siècle.

VII. — Les Athéistes de Toulouse.

Nous l'avons dit, la fantasmagorie dont s'entouraient les Rose-Croix était un voile dont ils couvraient leurs desseins, absolument comme les opérations magiques de Cagliostro, un des plus actifs agents du grand complot maçonnique dont l'explosion eut lieu en 1789, servaient à dissimuler son action réelle aux ministres de Louis XVI aveuglés ou complices de la secte [1].

Liés ou non avec eux, on trouve à la même époque d'autres adeptes appliqués à propager, dès le commencement du XVIIe siècle, les principes qui seront plus tard ceux des hauts grades maçonniques.

Ecoutons encore ici le P. Gaulthier :

« *De Lucilius et autres nouveaux Athéistes :* Il estait Italien de nation, lequel, après avoir enseigné l'athéisme en divers endroits de France, s'estant retiré à Tolose, il fut enfin convaincu par la déposition de quelques gens d'honneur, qui ne peurent souffrir ses blasphèmes, et condamné à la mort par la diligence de Monsieur de Mazuyer, premier président au Parlement de Tolose. Aucuns de ses adhérents le voulurent excuser et rejeter ses maximes impies sur la philosophie, qui luy servait de prétexte ; mais son impiété fut péremptoirement descouverte, quand il lui fut ordonné de faire amende honorable. Car alors commandé de demander pardon à Dieu, au Roy et à la Justice, il respondit : *Quant à Dieu, je n'en crois point ; quant au Roy, je ne l'ai jamais offensé ; et, quant à la Justice, que les Diables, s'il y en a, l'emportent.* Après il ajousta qu'on n'avançait guères de le faire mourir, d'austant qu'ils étaient douze en

regardons pas du tout comme fondée la thèse de cet auteur, qui voit dans l'introduction des hauts grades une réaction aristocratique contre les tendances démocratiques des loges symboliques. Beaucoup de grands seigneurs purent se laisser prendre à cet appât ; mais il y avait parmi les membres de ces hauts grades des gens de toutes les conditions. Comme le dit Louis Blanc, leur objet fut de développer la doctrine maçonnique et d'en tirer les dernières conséquences politiques et sociales.

1. Nous ne prétendons nullement nier la réalité de certains phénomènes supra-naturels provoqués par Cagliostro et semblables à ceux du spiritisme. Ils sont mentionnés dans la très curieuse *Correspondance inédite de S. C. de Saint-Martin avec le baron de Kirchberger*, publiée par L. Schauer (in-8°. Paris, Dentu, 1860). Mais le complot, dont Cagliostro était un des agents, ne s'en avançait que mieux au milieu de l'engouement causé par ces prestiges.

nombre sortis de Naples, qui s'estaient espanchés par l'Europe pour enseigner la même doctrine. »

Ceci se passait le 19 février 1619. Le P. Gaulthier ajoute quelques lignes plus bas :

« Lisez ce qu'a écrit des athéistes et esprits curieux de ce temps, descouverts en France principalement l'an 1623, M. Caspar, en son *Thresor de l'histoire de nostre temps ;* descouverts, dy-je, partie par les livres, discours et poésies satyriques et mesdisantes, qui persuadaient l'athéisme à la noblesse française et contenaient des exécrables impiétés contre la divine Majesté, contre la Vierge-Mère et contre les Saints, partie par la poursuite qui fut faite contre telle peste par Monsieur le procureur général de la Cour au parlement de Paris [1]........ »

Quand Richelieu fut arrivé au pouvoir, Rose-Croix, Athéistes et Libertins, comprirent que la situation devenait pour eux trop dangereuse. Ils semblent avoir abandonné la France jusqu'à la fin du règne de Louis XIV : mais la propagande d'antichristianisme et de naturalisme n'en continua pas moins en Allemagne, en Hollande, en Angleterre : on l'a vu dans ce que nous avons dit de Spinoza. La pénétration de Bossuet ne s'y trompait pas, quand il parlait d'*un bruit sourd d'impiété*. Cette propagande avait commencé, comme nous l'allons voir, dès le siècle précédent.

VIII. — La propagande antisociale et antichrétienne au XVIe siècle.

Un écrivain franc-maçon fort perspicace a dit que le protestantisme était la moitié de la maçonnerie. Cela revient à dire que la franc-maçonnerie a appliqué dans l'ordre politique, et tend à réaliser de nos jours dans l'ordre économique, les principes que le Protestantisme a d'abord posés dans l'ordre religieux.

Non seulement c'est en Angleterre que la maçonnerie s'est cons-

1. V. aussi sur ces athéistes l'ouvrage cité plus haut du P. Garasse. On appelait *Libertins* une secte de *libres penseurs* qui s'était formée en Flandre vers 1537, à la faveur de la prédication du protestantisme, et qui s'était répandue à Genève, à Paris, à Rouen. V. Pluquet, *Dictionnaire des hérésies*, h. v. V. aussi Amos Comenius, *Latinæ linguæ atrium* III, p. 317.

tituée sous sa forme moderne, en 1717; mais c'est en Hollande, dans l'Allemagne du Nord, plus tard aux États-Unis, qu'elle a eu toujours, non par son théâtre d'opérations, — ce sont les États catholiques, monarchies et républiques, qu'elle poursuit avant tout de sa haine, — mais ce que nous pourrions appeler ses centres de formation et ses places de retraite.

Or, une tradition ancienne et fort vraisemblable fait remonter l'origine de la secte aux premiers temps du protestantisme. Elle est relatée dans l'*Essai sur l'esprit et l'influence de la Réformation de Luther*, par Ch. de Villers, ouvrage qui remporta le prix de l'Institut en l'an IX [1].

« Il est plus que probable, dit l'auteur dans le chapitre intitulé *Sociétés secrètes, Francs-Maçons, Rose-Croix, Mystiques, Illuminés,* que des sociétés secrètes existaient avant les réformateurs et que c'est sous cette forme que les restes des Wiklefistes s'étaient perpétués en Angleterre et en Ecosse, ceux des Hussites en Bohême, ceux des Albigeois en France. » M. de Villers ajoute que la franc-maçonnerie s'est formée en Saxe, parmi les sectateurs de la Réforme, que le *signe de détresse* était destiné à leur permettre de se reconnaître et de s'épargner, quand ils étaient engagés dans des armées opposées. Au début, les protestants pouvaient seuls faire partie des loges, et les plus anciens statuts en excluent les catholiques. Toutefois l'auteur reconnaît que l'on n'a pas retrouvé de titres irrévocablement à l'abri de la critique, où il en soit fait mention avant 1610. « Ces conjectures sur l'origine des francs-maçons se trouvent développées très savamment dans deux ouvrages allemands, l'un de M. Buhle, l'autre de M. de Murr [2]. »

Les études récentes sur le XVIe siècle rendent cette opinion de plus en plus vraisemblable.

Au milieu des convoitises à l'endroit des biens du clergé que les prédicants de la Réforme suscitaient chez les princes, la noblesse et les riches bourgeoisies urbaines, et de la révolte contre le joug disciplinaire de l'Eglise, il y avait des esprits logiques et passionnés à la fois, qui allaient droit aux conséquences extrêmes des principes

1. Nous avons sous les yeux la 5e édition publiée à Paris en 1851, un vol. in-12.
2. Eph von Murr *Ueber die wahren Ursprung der Rosen Kreuzer und der Freimaurer Ordens nebst eine Geschichte der Tempelherrenordens.* In-8o, Leipzig et Francfort, 1803. Buhle, *Ueber den Ursprung und die Schickfale der Orden der Rosen Kreuzer und Freimaurer*, 1804.

posés et voulaient nettement la destruction du christianisme positif et le changement de tout l'ordre social.

Tels étaient les Anabaptistes, qui se mêlèrent si perfidement à l'insurrection des paysans de Souabe. et qui plus tard couvrirent de leurs sociétés secrètes l'Allemagne, la Hollande, l'Angleterre, pour préparer la grande insurrection de Lubeck et de Munster en 1534-1535. Aux lecteurs français qui ne pourraient pas suivre cette histoire dans le grand ouvrage du Dr Janssen *Geschichte des deutschen Volkes seit dem Ausgange des Mittelalters* (t. II et t. III), nous recommandons les deux volumes de M. Alexandre Weill, *Histoire de la grande Guerre des paysans* et *Histoire de la Guerre des Anabaptistes* écrits d'après les documents du temps et dans un esprit tout à fait favorable à ces sectaires. Ces deux ouvrages montrent que les Anabaptistes avaient dès lors tous les principes religieux et civils de la Maçonnerie. Quant à leurs procédés, Bodin, dans *les Six livres de la République*, signale précisément l'emploi qu'ils faisaient des conventicules secrets.

En 1552, lorsque les princes protestants firent appel à l'alliance française, et qu'à leur demande Henri II envahit la Lorraine, l'armée de ce prince répandit sur son passage un manifeste imprimé en allemand, dans lequel elle était présentée comme venant rendre la liberté aux peuples de la Germanie et en tête duquel on voyait le mot de *liberté* en exergue et un *bonnet entre deux poignards*[1]. Les Français n'étaient pour rien dans le choix de ces étranges emblèmes. Les émissaires de l'électeur Maurice de Saxe avaient été seuls à rédiger ce manifeste. Mais n'est-il pas frappant de voir qu'ils donnent commesignes de reconnaissance à leurs coreligionnaires les emblèmes qui devaient être ceux des jacobins ?

Les pamphlétaires calvinistes de la seconde moitié du XVIe siècle ont le ton, les idées et les expressions propres aux plus violents écrivains des années qui ont précédé la Révolution. Tel est entre autres un libelle intitulé : *Le Réveille matin des Français et de leurs voisins, composé par Eusèbe Philadelphe Cosmopolite en forme de dialogues, à Edimbourg* [Genève], *de l'imprimerie de Jacques James, 1574*, 2 parties en un volume in-8°. Cet opuscule est de Théodore de Bèze ou de Barnaud. Il soutient la thèse de la souveraineté du peuple dans ce qu'elle a de plus absolu. Il engage la reine Elisabeth à se défaire de Marie Stuart, et exhorte les Français à

1. V. Janssen, *Geschichte des deutschen Volkes*, t. III., p. 655.

se mettre en république et à tuer leur roi (p. 142). Les hommes, dit-il, perdent leur liberté parce qu'ils ne savent pas la défendre, et il déplore que le peuple français ne sente pas son mal ! Les personnages de ces dialogues portent les noms d'Alithie, Philalethie, l'Historiographe, le Politique. Mais ce qui est particulièrement significatif, c'est le nom pris par le pamphlétaire lui-même, *le Philadelphe cosmopolite*. Ce seront les *titres distinctifs* des principales loges du XVIIIe siècle. Comment ne pas croire à la transmission d'une organisation réelle comme à celle des doctrines ?

Dans son magistral ouvrage, *les Huguenots et les Gueux*, M. Kervyn de Lettenhove l'a montré, par des citations nombreuses tirées de leurs correspondances et de leurs discours, dans le dernier tiers du XVIe siècle, les ministres calvinistes soutenaient les principes de l'égalité sociale et de la souveraineté populaire les plus avancés et poursuivaient l'établissement d'une république fédérative dans toute l'Europe, qui eût été gouvernée par les consistoires. Il relate un fait bien caractéristique.

« D'autres correspondances, dit-il, s'échangent entre les ministres qui sont en Flandre et ceux qui dirigent les communautés de réfugiés flamands établies à Londres, à Maidstone, à Ipswich. On reconnaît les lettres de ministres de la West-Flandre à *l'equerre* apposée sur leur cachet (archives de l'Église réformée flamande à Londres, bibliothèque de Guildhall) conformément à la tradition, qui, sans remonter plus haut, attribue aux apôtres de la Réforme la fondation des rites secrets de la franc-maçonnerie [1]. »

M. Kervyn de Lettenhove ajoute en note :

« Un document d'une authenticité fort douteuse attribue à Coligny, à Melanchton et à Jacques Utenhove, la fondation de la franc-maçonnerie à Cologne en 1535. Les premières loges auraient été établies à Edimbourg, à Venise, à Madrid, à Gand. »

Nous avons reproduit la *Charte de Cologne* dans les récentes éditions de l'ouvrage *les Sociétés secrètes et la société*. Elle est aujourd'hui généralement regardée comme apocryphe. Mais des découvertes ultérieures pourraient changer l'opinion dominante sur ce document. En le laissant complètement de côté, les faits que

1. *Les Huguenots et les gueux*, Bruxelles, 1884, t. V, pp. 430-431.

nous rapprochons dans cette étude constituent un ensemble d'indices très sérieux de nature à faire attribuer aux premiers réformateurs sinon la création de la franc-maçonnerie, au moins l'organisation de groupes secrets et communiquant entre eux avec le dessein de renverser à fond la société chrétienne.

La propagande profondément impie et presque athée, qui se faisait sous le couvert du protestantisme, a laissé un écho caractéristique dans le *Journal d'un gentilhomme du Cotentin, G. de Gouberville.* En 1562, il raconte comment il cheminait avec un tabellion, Jehan France, avancé dans les idées nouvelles :

« Et, comme nous parlions de la relligion et des oppinions qui sont aujourd'hui entre les hommes en grande controversie et contradiction, ledict France dit par ses propres mots : « — Qui m'en croyra, *on fera ung Dieu tout nouveau, qui ne sera ne papiste, ne huguenot,* affin qu'on ne dye plus : *ung tel est papiste, ung tel luthérien, ung tel est hérétique, ung tel est huguenot.*

Le cahier de la Noblesse de la Tourraine pour les Etats généraux de Tours, en 1560, se plaignant de la « propagande que faisaient les *athéistes, anabaptistes, ariens* (c'est-à-dire les sociniens), *libertins* et autres semblables monstres [1], » réclame contre eux une répression énergique [2]. C'est d'autant plus significatif qu'en même temps la noblesse de Touraine demande la liberté du culte pour les réformés. Plus tard, en 1578, R. Benoist, curé de Saint-Eustache à Paris, signale le travail souterrain des athéistes qui « voudraient bien piller, ravager et meigner ou meignoner tout ce qu'il y a de fond soit en l'Eglise ou en la sécularité et temporalité, ne se souciant s'il vient de Dieu ou du diable, s'il faut ainsi parler [3]. »

Le clairvoyant curé de Paris voyait où allait la secte, et le brave gentilhomme campagnard de Normandie avait exactement retenu sa formule.

1. *Journal manuscrit d'un sire de Gouberville,* publié par l'abbé Tollemer, 2e édit. in-12, 1880, p. 747.

2. *Des États généraux et autres assemblées nationales,* in-8°, 1789. La Haye, t. XI, p. 168.

3. *De l'institution et abus survenu ès confrairies populaires,* par R. Benoit, Angevin. Paris, 1578, in-8°.

IX. — Les sociniens et le convent de Vicence en 1546.

De tous les groupes protestants, qui ont concouru à nouer le faisceau d'une grande conspiration antichrétienne et antisociale, les plus agissants ont été les Sociniens.

Les Sociniens niaient absolument l'Incarnation et la Trinité. Tout en conservant l'organisation extérieure du christianisme telle que les Calvinistes et les Zwingliens l'avaient établie, au fond ils étaient de purs déistes et tendaient la main aux juifs et aux mahométans. Dans l'ordre civil, ils soutenaient les idées les plus hardies. Quelques-uns même défendaient avec le capucin apostat Ochino la polygamie ! Tous enseignaient que la société n'avait pas le droit d'infliger la peine de mort. C'est depuis le XVIIIe siècle une des thèses que la maçonnerie défend avec le plus de persistance.

Feller et l'abbé Lefranc, le supérieur général des Eudistes, dans son ouvrage *le Voile levé*, publié en 1791, leur attribuent la fondation de la franc-maçonnerie. De nos jours, le savant évêque de Grenoble, Mgr Fava, a repris cette opinion, et tous les faits que nous rapprochons dans cette étude lui donnent un haut degré de probabilité. L'un des plus anciens historiens Sociniens, Lubieniczki, dans l'*Historia reformationis Poloniæ* (*Friedstadt*, 1685), p. 38, raconte qu'il s'était formé à Vicence, dans l'État vénitien, une académie secrète dans laquelle se réunissaient Jules Ghirlanda de Trévise, François de Ruego, Lœlius et Darius Socini, Alciat [1], Peruta, Jacques Chiari, l'abbé Léonard, Bernardino Ochino, tous déistes ou athées. Ils se concertèrent sur les moyens de détruire le christianisme. C'est de ce foyer qu'ils organisèrent une propagande secrète dans toute l'Europe en pénétrant dans les églises réformées. Deux autres historiens sociniens, Wizowaski et Christoph Sand, reproduisent ce récit [2]. Comme tout ce qui a trait aux réunions de Vicence est

1. Jean-Paul Alciat de Milan, qui figure parmi les membres du convent de Vicence, est sans doute un parent du jurisconsule Alciat. M. d'Orcet, dans les articles que nous avons cités plus haut, prétend reconnaître l'écriture secrète de la secte dans l'ouvrage intitulé *Omnia Andreæ Alciati emblemata illustrantur per Claudium Minsem*. Antwerpiæ, in-8°, 1577.

2. V. *Bibliotheca Antitrinitariorum* de Christoph Sand, publié à Amsterdam en 1684 (Freistadt), p. 18. Le dernier historien d'Ochin, Karl Benrath, *Bernardino Ochino von Sienna* (Leipsig, 1875, in-8°) prétend qu'Ochino ne prit pas part au con-

resté enveloppé de mystère, des historiens postérieurs, Gustave Zeltner et Manfred von Camben, en ont révoqué en doute l'existence. Mais César Cantu, dans *les Hérétiques Italiens* (t. IV, p. 89 de la trad. franc.) et dans une étude spéciale sur les Socini, (*Italiani illustri*. Milan 1873, t. III, p. 375 et suiv.), démontre la réalité de ces réunions de Vicence, qui étaient bien plus un convent de sectaires qu'une académie, au sens que l'on attache aujourd'hui à ce mot. Il ajoute que des réunions semblables eurent lieu à la même époque à Modène et à Trévise. Ces manœuvres eurent assez d'importance pour que, dès 1539, Melanchton écrivît au Sénat de Venise, afin de l'engager à poursuivre les antitrinitaires. Le pape Paul III adressa, en 1546, des lettres à la république de Venise, où il signale la propagande impie qui se faisait à Vicence et de là se répandait dans tout l'État vénitien, et se plaint du gouverneur de cette ville, qui n'avait pas mis de zèle à la réprimer [1].

Le Sénat de Venise ordonna des mesures immédiates. On arrêta Jules Guirlanda et François de Ruego, qui furent exécutés. Les Unitaires les comptent au nombre de leurs martyrs. Quant aux autres, ils s'échappèrent et nous les voyons, Ochino et les deux Socini en tête, établir dans toute l'Europe de petites Églises, qui, malgré les poursuites des luthériens et des catholiques, ne cessèrent pas de faire une propagande tantôt occulte, tantôt publique, selon les circonstances.

X

L'Heptaplomerès de Jean Bodin

Les Sociniens se répandirent aussi en France. En 1566, un de leurs conventicules se manifeste à Lyon. Il faut vraisemblablement compter parmi leurs adhérents le fameux Jean Bodin, l'auteur des *Six livres*

vent de Vicence. Il se fonde sur ce qu'il était en Suisse dans l'année 1546 et sur ce qu'à cette époque, ses opinions n'étaient pas encore antitrinitaires comme celles de son compatriote Lelio Socini (pp. 208 et 320). Nous n'avons pas à discuter ici cette assertion, d'autant plus que M. Benrath ne conteste nullement la réalité et l'importance du convent de Vicence. Bossuet, si bien informé de tout ce qui touchait au socinianisme, mentionne également cette réunion.

1. Baronius, *Annales ecclesiastici ad annum 1546*, no 147.

de la République. Dans cet ouvrage, il fait profession de la religion catholique; mais, à côté de son œuvre publique, il en accomplissait une secrète. Il laissa en mourant un écrit en manuscrit intitulé *Heptaplomeres sive colloquium de rebus abditis*, où il met aux prises, dans un dialogue philosophique qui a lieu à Venise, un juif talmudiste, Salomon; un zwinglien, Curtius; un catholique, Coroni, le maître de la maison; un chrétien converti au mahométisme, Octave; un luthérien, Fredericus; un philosophe sceptique, Senanus; enfin un déiste libre penseur, Toralba. Les personnages discutent les mérites des diverses religions. Les rôles principaux appartiennent à Salomon et à Toralba. Le point sur lequel roule en réalité toute la controverse, c'est la divinité du Christ et l'Incarnation. La dialectique du catholique Coroni est d'une faiblesse, d'une puérilité, qui révèle la pensée intime de l'auteur : il ne sait que s'en rapporter à l'Église, sans défendre ses convictions. La conclusion n'est pas exprimée d'une manière formelle ; mais Toralba l'indique : « Si la véritable religion est la naturelle, laquelle se fait assez connaître d'elle-même, ainsi que le montre non seulement Octave, mais ainsi que Salomon en demeure d'accord, qu'est-il besoin de Jupiter, du Christ, de Mahomet et de se feindre des dieux qui ont été mortels comme nous ? » Tous d'ailleurs se réunissent pour réclamer la tolérance la plus absolue en faveur de toutes les religions.

Les manuscrits latins et français de ce livre se multiplièrent pendant tout le XVIIe siècle et eurent de nombreux lecteurs, si bien qu'en 1684, le théologien Diecman consacra un ouvrage spécial à le refuter : *Schediasma inaugurale de naturalismo tum aliorum tum maxime J. Bodini.*

M. Baudrillart, dans son savant écrit sur *J. Bodin et son temps*, regarde comme certain que Bodin a fait exprimer ses propres pensées par Toralba. C'est aussi l'opinion de M. L. Noack qui, le premier, a édité l'*Heptaplomerès* [1].

Jacques Gillot écrit à Scaliger (9 février 1607) au sujet de l'*Heptaplomeres:* « C'est un livre bien fait, mais fort dangereux, parce qu'il se moque de toutes les religions et enfin conclut qu'il n'y en a point. Aussi l'auteur n'en avait-il point lui-même : il mourut comme un chien, *sine ullo sensu pietatis,* n'étant ni juif, ni chrétien. » Le même écrivain ajoute : « Bodin était un étrange compagnon en fait de re-

1. *J. Bodini colloquium Heptaplomeres,* éd. Ludovicus Noack, Suerini Megaloburgensium, in-8°, 1857. Præfatio, p. v.

ligion. Il mourut de la peste, à Laon, en 1596, assez vieil et ne dit pas un mot de Jésus-Christ. » Le protestant Grotius déclare que Bodin avait fait de grandes brèches à sa foi « par ses habitudes avec les Juifs »[1].

Il y a deux choses à remarquer à propos de l'*Heptaplomeres* et de son auteur : d'abord, l'origine à demi-juive de Bodin. Une tradition constante affirme qu'il avait pour mère une juive, d'une de ces familles émigrées d'Espagne qui vivaient en France sous la tolérance tacite des autorités locales. Nous y reviendrons dans les dernières pages de cette étude.

Ensuite c'est à Venise que Bodin place la scène de ces entretiens. Or c'était un des foyers du Socinianisme, et les Rose-Croix y eurent aussi des intelligences.

« C'est, dit Bodin lui-même au début de l'*Heptaplomeres*, le port commun de toutes les nations ou plutôt du monde entier ; car les Vénitiens non-seulement aiment à voir parmi eux et à accueillir les étrangers ; mais on y peut vivre avec la plus grande liberté, car tandis que partout ailleurs on est tourmenté par les guerres civiles, la crainte des tyrans, les exactions fiscales ou d'odieuses inquisitions sur ses opinions et ses goûts, Venise est presque la seule cité où l'on soit affranchi de tous ces genres de servitude. Aussi c'est là que viennent se fixer tous ceux qui ont décidé de passer leur vie avec la plus grande liberté et tranquillité possible, soit qu'ils veuillent exercer le commerce, soit qu'ils veuillent s'adonner aux loisirs dignes d'un homme libre... Tous ces personnages habitaient dans la maison de Coroni, et, s'il arrivait quelque chose de nouveau sur quelque point que ce soit du monde, ils en avaient des nouvelles par les amis avec qui ils étaient en correspondance à Rome, à Constantinople, à Augsbourg, à Séville, à Anvers et à Paris. »

En 1720, Toland dit expressément que les sodalités socratiques comptaient des adhérents à Venise. Enfin, l'on sait que les Illuminés, à la fin du XVIIIe siècle, y eurent un centre très actif. Par sa position entre l'Orient et l'Occident, cette ville servait de communication et de point de rencontre aux gens de toutes les sectes. Au moyen âge, une partie de son aristocratie s'était laissée séduire par les doctrines averrhoïstes, et toujours le Sénat et le Conseil des dix s'étaient montrés fort portés à restreindre l'exercice du pouvoir ecclésiastique.

Cantu décrit ainsi l'état d'esprit des hautes classes à Venise, à l'époque qui nous occupe :

La franchise du commerce qui faisait également bien accueillir les Arméniens, les Turcs et les Juifs, favorisait l'indifférence de Venise.

1. Baudrillart, *J. Bodin et son temps*, pp. 112, 141, 142, 190, 221.

L'auteur du *Discours aristocratique sur le gouvernement des seigneurs vénitiens* assure que, si un luthérien ou un calviniste venait à mourir, on permettait qu'il fût enseveli dans une église, et que les curés ne s'en faisaient pas scrupule. Toutefois il ajoute : « Je n'ai jamais connu « un Vénitien fauteur de Calvin ou de Luther, mais bien d'Epicure ou de « Cremonini autrefois professeur de l'université de Padoue, lequel affirme « que notre âme provient de la semence, comme celle de tout autre « animal, et qu'elle est mortelle par conséquent. Les partisans de cette « scélératesse sont les principaux citoyens de cette ville, et plusieurs, en « particulier, exercent des fonctions dans le gouvernement. »

Dès l'année 1520, Burckhard, gentilhomme allemand, écrivait à Spalatin, chapelain de l'électeur de Saxe, que Luther jouissait d'une grande estime à Venise, et que ses livres circulaient malgré la défense du patriarche, que le Sénat eut de la peine à permettre qu'on publiât l'excommunication contre l'hérésiarque [1].

XI. — La propagande socinienne et les déistes anglais.

Les Sociniens firent en Angleterre de nombreux prosélytes et l'on ne peut méconnaître leur influence sur le mouvement qui se produisit dans l'intérieur du protestantisme à l'époque de la grande rébellion. L'organisation et les procédés secrets des *Indépendants* présentent de notables analogies avec ceux que la franc-maçonnerie eut plus tard. C'est sans doute ce qui a accrédité l'opinion fort répandue au XVIIIe siècle que la franc-maçonnerie remontait à Cromwell.

Quoiqu'il en soit, il est certain qu'après la Restauration, comme au temps de la République, le Socinianisme conserva en Angleterre de nombreux adhérents cachés, en attendant de se manifester dans l'école des Déistes et dans les loges. M. Sayous, dans son excellent ouvrage sur *les Déistes anglais* (Paris, Fischbacher, 1882, in-8°), les rattache à la propagande d'un écrivain socinien d'origine italienne, Acontius, qui propagea le déisme dans des écrits publiés vers 1611. Ces écrits avaient encore les dehors de dissertations théologiques : mais au fond ils énonçaient les mêmes idées que celles qui à la fin du XVIIe siècle éclatèrent dans les pamphlets de Blount.

Nous ne pouvons pas conclure ce qui a trait aux Sociniens sans rappeler ce qu'en a dit Bossuet, car ce grand homme restera toujours la plus grave autorité pour l'histoire du protestantisme. Or il a attaché la plus grande importance à la propagande socinienne dans les églises protestantes de France et d'Angleterre. Dès le temps de Calvin, cette opinion, dit-il, s'infiltrait dans toutes les églises

1. *Histoire des Italiens*, trad. franc., t. VIII, p. 504.

réformées de France [1], et, malgré les efforts faits pour la détruire, elle s'y enracinait. En Angleterre, elle se répandait dès les règnes des deux premiers Stuarts, et devenait une puissance au temps de la domination de Cromwell. Encore un peu et au temps de Jurieu, les Sociniens n'étaient plus considérés comme hérétiques [2]. Leur doctrine se répandait comme plus tard s'est répandue la maçonnerie. Les sociniens ne se séparaient pas des Églises protestantes ; ils vivaient au milieu d'elles, sous le couvert de pratiques extérieures et avec la faveur secrète de leurs chefs. Bossuet est d'une incomparable vigueur quand il flagelle l'hypocrisie du ministre Simon recommandant en réalité le Socinianisme en faisant semblant de le combattre [3]. Simon faisait surtout étalage *du parti considérable* que les Sociniens s'étaient fait. Les Sociniens niaient non seulement la divinité de Jésus-Christ, mais encore les peines éternelles de l'enfer. C'était le radicalisme en matière religieuse. Les Indépendants en fesaient une application à l'ordre de la société civile en soutenant que le prétendu règne du Christ devait égaler tous les hommes sur la terre [4]. En envoyant à l'évêque de Fréjus (depuis cardinal Fleury) son *instruction pastorale contre Richard Simon,* Bossuet lui écrivait que l'esprit d'incrédulité gagnait tous les jours et était devenu un torrent [5].

XII. — Amos Comenius. — La guerre a la papauté et a la maison d'Autriche préparée au milieu du XVIIe siècle.

L'importance capitale de la propagande des Sociniens ne doit pas nous faire perdre de vue les autres sectes protestantes. Nous avons dit que les Anabaptistes, dès les premiers jours de la Réforme, avaient tout de suite été aux plus extrêmes conséquences de la négation de toute autorité religieuse et civile. Après des manifestations très violentes qui attirèrent sur eux une répression énergique, les Anabaptistes devinrent les plus paisibles des sectaires et ne cherchèrent qu'à vivre isolés. Mais de leur sein sortirent plusieurs personnages animés d'un prosélytisme ardent. Tel fut Amos Komensky, en latin Comenius : né en 1592, il fut d'abord professeur et prédicateur à Fulkneck, principal établissement des frères Moraves en Bohême.

1. *VIe avertissement aux protestants,* chap. V à X.
2. *Ibid.*
3. *Défense de la Tradition et des saints Pères,* liv. III, chap. III et suiv.
4. Oraison funèbre d'Henriette d'Angleterre.
5. *Histoire de Bossuet,* par le cardinal de Beausset, liv. XIII, in fine.

En 1641, il fait un séjour en Angleterre, où il put converser avec Elias Ashmole, avec Fludd, Blount et autres impies, qui se réunissaient dès lors dans les loges maçonniques, dans les sodalités socratiques oudans les conventicules des rose-croix. Il mourut en 1671, à Amsterdam, le grand lieu de refuge des sectaires, des juifs et des athées.

Ses *Opera didacticia*, dit Findel, contiennent plusieurs passages dont l'analogie avec les *Constitutions maçonniques*, publiées en 1723 par Anderson, est frappante.... Après avoir travaillé vainement à l'union de toutes les religions, il s'éleva à un *point de vue humain général*.

« Sa *Panergesia*, comme il le dit lui-même, est un livre de conseils, dédié à l'humanité pour l'amélioration de toutes les choses humaines. » De plus, on trouve des passages comme ceux-ci dans ses écrits : « Nous « devons retourner de la multiplicité à l'unité, des nombreuses erreurs à « la simplicité, des conditions sociales, fruits de la violence, à la liberté « native.... Le nouveau, le royal chemin de la lumière et de la paix, qu'il « faut prendre, n'amènera pas la destruction des philosophies actuelles, « des religions et des constitutions des Etats, car il n'a pas pour fin de « détruire, mais de perfectionner. » Dans sa *Pansophie*, il parle d'un temple de la sagesse à construire d'après les plans, les desseins et les lois du grand architecte, de Dieu lui-même, et il ajoute : « Mais parce que cette « œuvre ne doit pas servir aux chrétiens seulement, mais à tous ceux qui « sont nés hommes, elle pourrait être nommée encore plus justement la « *Pansophie* ou sagesse humaine [1]. »

Un autre écrivain franc-maçon, Henne am Rhym, dans son ouvrage *Allgemeine Kulturgeschichte*, t. IV, p. 214, indique en ces termes la grande influence qu'a eu cet Amos Comenius, si inconnu de l'histoire générale :

La conception de l'humanisme, dans son sens le plus haut et, pouvons-nous dire, tout à fait moderne, fut propagée en 1641 en Angleterre par le frère Morave Amos Komensky, qui s'y était réfugié et qui y avait fait paraître, en 1639, son *Prodromus Pansophiæ*. Après divers séjours en Angleterre, en Suède, en Hongrie, où on l'accueillait comme un célèbre éducateur de la jeunesse, il passa la seconde partie de sa vie à Lissa, comme évêque de la communauté des frères, et, après que cette ville eut été brulée par les Polonais, en 1656, il se retira en Hollande, où il mourut à Amsterdam en 1671.... Il professait et propageait la tolérance générale de toutes les religions et l'amour de l'humanité se manifestant par la bienfaisance. Animé d'abord de l'espérance de réunir en une seule toutes les croyances chrétiennes, quand il se fut convaincu de l'impossibilité de réaliser ce projet, il rejeta toute différence confessionnelle et se plaça sur la

1. *Geschichte der Freimaurerei*, 4e édition. Leipzig, 1878.

hauteur de l'humanité pure et dépouillée de tout préjugé. Persuadé que le Pape et la maison d'Autriche étaient les boulevards du fanatisme et opposaient le plus grand obstacle à cet idéal, son ardent amour de l'humanité ne l'empêchait pas de désirer la destruction de ces deux puissances, même avec l'aide des Turcs. Son jugement, plein de fermeté, ne l'empêchait pas non plus d'attacher une grande importance à d'anciennes visions et à des prophéties qui prédisaient cette destruction et même de les publier par la voie de l'impression. *Lux in tenebris*, tel est le titre d'un de ces recueils [1].

On retrouve là encore l'une des formules mystérieuses chérés aux loges et qui figureront dans de nombreux rituels [2].

« Nulle part, ajoute l'écrivain que nous citons, les principes si purs et si humains de Comenius ne trouvèrent un sol aussi bien prépare qu'en Angleterre. »

Henne am Rhym a raison d'indiquer Amos Comenius comme l'un des principaux fondateurs de la maçonnerie. Il a non seulement formulé ses doctrines, mais encore arrêté le plan d'action que la secte a poursuivi avec tant de suite depuis un siècle et que Mazzini ne cessait de proclamer avec son ardente passion : *Destruction de la Papauté : anéantissement de la maison d'Autriche !*

XIII. — L'Humanisme et la Renaissance païenne en Italie.

Le naturalisme, qui est le fond des doctrines de la maçonnerie, avait eu, en dehors des Sociniens et des Anabaptistes, d'autres propagateurs dans ces lettrés de la Renaissance, qui s'appelaient eux-mêmes les humanistes.

L'Humanisme a pour caractère extérieur le culte et l'admiration exclusive des œuvres de l'antiquité. Sans doute, les chefs-d'œuvres littéraires et artistiques de la Grèce et de Rome devront toujours tenir une grande place dans la formation intellectuelle, et, depuis saint Jérôme et saint Augustin, l'Eglise leur a fait une large part dans l'éducation de la jeunesse. Mais les humanistes du XVe et du

1. *Lux in tenebris h. e. Prophetiœ donum quo Deus Ecclesiam Evangelicam sub tempus horrandœ ejus pro Evangelio persecutionis extremœque dissipationis ornare ac paterne solari dignatus est submissis de statu Ecclesiœ in terris presentis.... anno inchoandœ libertatis* 1657, in-4°.

2. V. le rituel cité dans *Les sociétés secrètes et la société* par le P. Deschamps et Claudio, Jannet t. I, p. 93.

XVIe siècle dépassaient cette sage mesure. Leur thèse était que les pensées, les institutions, les hommes de l'antiquité, étaient supérieurs à ceux des âges chrétiens et qu'on y trouvait le type de la perfection absolue. Lisez toutes leurs œuvres : l'homme seul, considéré objectivement dans ses perfections physiques et ses aptitudes intellectuelles ou dans le rôle qu'il joue sur le théâtre du monde, apparaît comme le grand objet de l'intérêt humain. De Dieu, de la vie future, de la lutte religieuse intérieure, il n'est jamais question. M. Bersot l'a dit — et son appréciation est d'autant plus autorisée qu'il est imbu lui-même de l'esprit de l'humanisme : — « à l'homme « déchu et racheté, la Renaissance opposa l'homme ni déchu ni ra- « cheté, s'élevant à une admirable hauteur par les seules forces de « sa raison et de son libre arbitre. » Enfin les humanistes introduisaient dans le monde une distinction nouvelle bien plus profonde que les différences de classes du Moyen Age, celle de la supériorité de l'homme qui sait sur celui qui ne sait pas. Or pour eux, l'homme qui sait est le lettré qui s'est nourri de la littérature aux sources païennes, qui cultive exclusivement l'humanisme.

Au fond, ce sont là les idées de la maçonnerie.

Il ne faut pas attacher trop d'importance aux cérémonies païennes que célébraient les plus fous parmi eux, quoique le mystère dont ils s'entouraient leur ait parfois fait prendre les allures d'une société secrète [1]. Plus sérieux et plus dangereux était l'enseignement philosophique donné par les néo-platoniciens qui se rattachaient à l'école théurgique d'Alexandrie, et par les neo-aristotéliciens qui invoquaient encore plus Averrhoes qu'Aristote. Comme l'a dit un auteur du temps : *utrique religionem omnem funditus æque tollunt.* L'un des plus

1. César Cantu dans *les Hérétiques italiens,* t. III, p. 389 (traduction française), s'exprime ainsi au sujet du plus fameux de ces maniaques de l'antiquité, Pomponius Lœtus : « Il est singulier que dans les récentes recherches faites par le chevalier dé Rossi dans l'intérieur des catacombes de Saint-Sébastien, à Rome, on ait trouvé, parmi les noms de ceux qui les visitèrent au XVe siècle, cette inscription : « *Regnante Pom. pont. max. ;* et *Pomponius pont. max.* et *Pantagathus sacerdos academiæ romanæ :* » titres qui feraient croire à une hiérarchie établie *et qui remettraient en question* l'accusation dont Lætus paraissait s'être disculpé avec sincérité. » D'autre part un historien contemporain Canensius dans sa vie de Paul II dit que le pape fit dissoudre « une secte de jeunes gens aux mœurs corrompues, qui affirmaient que notre foi or- « thodoxe était établie, moins d'après le témoignage réel des faits, qu'à l'aide de quel- « ques jongleries des saints et qui soutenaient qu'il était permis à chacun d'user à son « gré des voluptés ». V. dans le tome I de la *Revue des questions historiques Paul II et Pomponius Lœtus* par Henri de l'Epinois.

célèbres fut Pomponazi, qui professait à l'Université de Padoue (1462-1526), le grand foyer intellectuel des États vénitiens [1]. Cremonini (1550-1631) y continua son enseignement.

Un autre, Marsile Ficin, avait fondé à Florence une académie platonicienne composée de Mecènes, d'auditeurs et d'élèves, qui fêtait les jours anniversaires de la naissance de Platon et de Cicéron. Un écrivain franc-maçon anglais de la fin du XVIIIe siècle a prétendu que cette académie était une loge et qu'on y trouvait encore de son temps des symboles maçonniques [2]. Ce qui est certain, c'est que, comme le dit l'historien allemand contemporain M. Burckhardt, « le théisme supplantait le christianisme chez la plupart des humanistes, que l'académie platonicienne de Florence était le centre de ce théisme et qu'à l'époque de la Réforme, lorsque la lumière se fit dans les esprits, les théistes virent plus clair dans leurs idées : nombre de protestants italiens se déclarèrent antitrinitaires et sociniens, s'exilèrent même de leur pays et essayèrent de fonder à l'étranger une Église nouvelle [3]. »

XIV. — La Secte antichrétienne et les compagnonnages

Nous avons recherché jusqu'à présent les traces de la secte antichrétienne dans le monde des savants et des lettrés. Nous les retrouvons aussi dès le XVIe et le XVIIe siècle, se mêlant au mouvement populaire et pénétrant dans les *Compagnonnages*.

L'origine des compagnonnages nous reporte au Moyen Age. Ils se formèrent d'abord entre les ouvriers du bâtiment, que les nécessités de l'exercice de leur art obligeaient à voyager. De là des signes de reconnaissance particuliers, des rites spéciaux, l'obligation du secret garantie par un serment, qui leur permettaient de défendre le monopole que recherchaient alors toutes les corporations. C'était là l'esprit général du temps. Dans les bourgeoisies et les guildes de métier, on exigeait souvent des membres nouvellement reçus le serment de ne pas révéler les secrets intéressant la commune ou la corporation. Les compagnonnages connus sous le nom

1. V. *Demonstracion de la Armonia entre la Religion catolica y la Ciencia*, por don Antonio Comellas y Cluet, in-8°. Barcelone, 1880, pp. 213 et suiv., pp. 294 et suiv.

2. Watson, *Masonic Essayist* (London, 1797), p. 238, cité par Cantu, *Histoire des Italiens*, t. VII, p. 465, trad. française.

3. Jacob Burckhardt, *la Civilisation en Italie au temps de la Renaissance*, trad. franç., t. II., p. 345. Paris 1885.

des *Enfants de maître Jacques*, des *Enfants du père Soubise*, des *Enfants de Salomon*, sont des institutions analogues aux *Steinmetzen* d'Allemagne, aux *Freemasons* d'Angleterre, et les légendes bizarres qu'ils se sont transmises jusqu'à nos jours sont des créations de l'imagination populaire semblables à ce récit des *Quatre Couronnés*, que se transmettaient les ouvriers du bâtiment en Angleterre dès les temps les plus reculés [1].

Toutes les corporations régionales devaient avoir plus ou moins leurs signes de reconnaissance. En France, la grande corporation nationale des merciers, qui rayonnait dans tout le pays et avait à sa tête un chef qui s'intitulait le *Roi des Merciers*, avait aussi une hiérarchie et des signes de reconnaissance. Ils furent imités par les vastes associations de gueux ou de mendiants, qui se formèrent dans la seconde moitié du XVe siècle [2].

Les compagnonnages se multiplièrent beaucoup en Allemagne au XVe siècle, quand les habitudes du *tour* se répandirent et que les corporations de métier n'offrirent plus aux simples ouvriers les avantages qu'ils y avaient trouvés lors de leur établissement et qu'elles continuaient à offrir exclusivement aux maîtres. Les mêmes causes les firent pénétrer aussi en France dans des professions autres que les arts du bâtiment.

Quels étaient leurs rites? Tout ce que nous savons des cérémonies des *Steinmetzen* allemands et des *Freemasons* anglais du XVe siècle, quoique renfermant bien des puérilités, n'a rien de contraire à la foi catholique [3]. Le culte de la sainte Vierge et des Saints tient une large place dans les prescriptions de leurs statuts.

Il n'en fut plus de même après le protestantisme. Les manuscrits anglais des *Freemasons*, qui datent, du XVIe siècle ont éliminé systématiquement toutes les pratiques catholiques.

En France, vers 1645, un ouvrier cordonnier, Michel Buch, homme de grande piété, fut profondément blessé dans sa foi par les

1. *The early history of Freemasonry in England* by James Orchard Haliwell, in-12. London, 1840.

2. V. quelques indications sur l'organisation de la *mercerie* dans Auguste Vitù, *le Jargon du XVe siècle étudié philologiquement*. Paris, in-8°, 1884. Introduction. Sur les associations de gueux et leur langage secret au XVe et au XVIe siècle, v. le *Liber vagatorum, le livre des gueux*. Strasbourg, 1862. *Préface*. (On y trouvera des détails sur la langue des gueux ou rothwek.) Au XVIe siècle, cette organisation passa en Angleterre. V. *The Fraternity of vagabonds* (1561) et une collection d'écrits de la même époque, qui forment le tome IX de l'*extra-series* des publications de l'*Early English text society*.

3. V. Schanz, *Deutsche gesellenverbande*. Leipzig, 1877, in-8°.

cérémonies qu'il avait dû subir lors de sa réception comme compagnon ; il les révéla aux autorités ecclésiastiques. Une enquête fut faite, dont le résultat a été consigné dans le *Sommaire des pratiques impies, sacrilèges et superstitieuses, qui se font par les compagnons selliers, cordonniers, tailleurs, couteliers et chapelliers lorsqu'ils reçoivent des compagnons qu'ils appellent du devoir*[1]. Ce mémoire fut présenté à la Sorbonne, qui condamna ces pratiques dans une consultation motivée.

La réception était toujours précédée d'un serment exigé du récipiendaire : on lui faisait jurer sur les saints évangiles qu'il ne révèlera à père ni à mère, femme ni enfans, prestre ni clerc, *pas même en confession*, ce qu'il va faire ou voir faire. On lui administrait un nouveau baptême. Ensuite venait une parodie de la messe et de la passion, dont les détails variaient suivant les métiers. Elle était très développée chez les chapeliers : la description qui en est donnée dans cette relation ressemble étonnamment aux anciens rituels des réceptions au grade de rose-croix. Il est, en la lisant, difficile de ne pas croire que l'un et l'autre rituels proviennent d'une source commune.

La relation termine ce qui a trait à la réception des selliers par ces mots : « Les huguenots sont receus compagnons par les catholiques et les catholiques par les Huguenots. »

Les mêmes pratiques, la parodie du baptême et de la messe, existaient chez les compagnons allemands, et furent dénoncées par un ecclésiastique saxon, Adam Gerber, qui publia son livre en 1699[2].

Nous laissons de côté ici tout ce qui, dans l'institution des compagnonnages, a trait au besoin d'association des ouvriers et à la nécessité où ils se trouvaient de défendre leurs salaires contre les maîtres des corporations. C'est uniquement avec ce caractère qu'ils sont mentionnés dans les actes administratifs du XVIIe et du XVIIIe

1. Cette relation a d'abord été publiée par le P. Lebrun dans son *Histoire des pratiques superstitieuses*. Paris, 1702. On en trouve un texte plus correct dans les *Archives législatives de la ville de Rheims*, statuts, t. II, p. 249.

2. V. l'analyse de son ouvrage et la description de ces rites dans le travail du docteur Oscar Schade *von Deutschen Handwerksleben in Brauch-Spruch und Lied*, dans le *Weimarisches Jahrbuch*, t. IV et VI. Outre l'ouvrage de Gerber, il emprunte une grande partie de ses indications au livre de Frid. Frisius, directeur du gymnase d'Altenberg, *Der vornehmsten Kunstler und Handwerker Ceremonial Politica*. Leipzig, 1708. M. Oscar Schade pense que ces cérémonies sont beaucoup plus anciennes que le XVIIe siècle : elles datent, selon lui, de la fondation même des compagnonnages, c'est à-dire du XIVe siècle.

siècle[1]. Mais il n'en est pas moins évident que la secte antichrétienne profitant de circonstances que nous allons indiquer, avait cherché à se glisser dans les compagnonnages en France, comme elle réussit à pénétrer dans les loges d'Écosse et d'Angleterre.

A quelle époque remonte cette action ?

La seconde moitié du XVIe siècle fut marquée par une grande agitation dans les classes laborieuses et par une dislocation des anciennes formes corporatives. Nous croyons avoir établi dans les leçons que nous avons faites en 1886 à l'institut catholique de Paris, que la guerre déclarée aux confréries par les parlements à cette époque cache une hostilité secrète contre l'Église et le désir de confisquer ses biens. Mais, d'autre part on ne peut se dissimuler que, sous le coup de nouveautés répandues dans les esprits, les ouvriers ne se fussent montrés particulièrement turbulents.

Lyon, une des villes par où les communications avec l'Allemagne étaient le plus suivies, paraît avoir été un des premiers foyers du compagnonnage. En 1541, François 1er rend un édit sur les désordres des compagnons imprimeurs qu'il fallut renouveler en 1544. Charles IX, en 1560, dans un édit adressé au sénéchal de Lyon, ne parle plus seulement des compagnons imprimeurs, mais se plaint des réunions tumultueuses et des *momeries* des compagnons de tous les métiers et en ordonne la suppression [2]. D'autre part les traditions des compagnonnages quand elles deviennent un peu plus sûres indiquent Lyon comme un de leurs principaux centres.

Un érudit très pénétrant, M. Ducellier, dans son *Histoire des classes laborieuses*, a émis une hypothèse qui nous paraît fondée.

« C'est à cette époque de fermentation dans les classes laborieuses que certains adeptes du compagnonnage rapportent, et avec vraisemblance, la scission la plus grave qui se soit opérée dans son sein. Tandis que la grande masse des compagnons restait attachée au culte catholique, une fraction d'entre eux se rapprocha des nouvelles opinions. Quelques-uns se déclarèrent protestants, un plus grand nombre tolérans ou *politiques*,

1. V. entre autres un chapitre très intéressant sur les compagnonnages dans l'excellent livre de M. Antoine du Bourg, *les Corporations ouvrières de la ville de Toulouse de 1270 à 1791*. 1 vol. in-12. Toulouse, 1885; A. Gérard, *les Corporations ouvrières en Lorraine*, Saint-Dié, Miron de l'Epinay, *François Miron*. Paris, 1885, pp. 127, 349; P. Rougier, *les Associations ouvrières à Lyon*. Lyon, in-8o, 1865.

2. Voir ces édits dans Fontanon, *Edits et ordonnances des rois de France*, édit. Paris, 1611. t. I., p. 1086, t. IV. p. 467, 470, 474, 477. Cf. *Inventaire des Archives municipales de Lyon* BB, 66 (1548). (La cote est d'ailleurs inexacte).

comme on disait alors, et refusèrent de faire de l'hérésie une cause d'exclusion. Ces dissensions étaient bien plus graves que celles qui divisaient les deux anciens devoirs de maître Jacques et du père Soubise. Il en résulta la naissance d'une troisième règle, *le devoir de Liberté.* Les nouveaux compagnons reçurent et acceptèrent le nom de GAVEAUX (ou GAVOTS), qui, dans les plaines de Provence, désigne encore les habitants des montagnes, où les Vaudois s'étaient perpétués et où le fanatisme calviniste conserva ses plus chauds adeptes. De même que les protestants prétendaient ressusciter le véritable esprit de l'Église, les compagons de liberté, bien que les derniers venus, prétendirent tenir leurs traditions de l'auteur même du temple et non de ses architectes, et se proclamèrent *enfants de Salomon*. Il est fort probable que ces déchirements intérieurs du compagnonnage donnèrent une grande animation aux réunions d'ouvriers et jouèrent plus d'une fois un rôle dans les rixes et les démonstrations tumultueuses, qui attirèrent l'attention de l'autorité, sans qu'elle en connût ni cherchât à en connaître les motifs. »

On remarquera que les pratiques sacrilèges relevées dans la relation de 1645 se rapportent précisément aux *Enfans de Salomon* ou *Compagnons du Devoir de la liberté*, » qui reçoivent indifféremment huguenots et catholiques. » Quant aux légendes se rattachant au Temple de Salomon, elles sont la base des trois grades symboliques sur lesquels repose, depuis le commencement, tout l'édifice de la Maçonnerie.

XV. — LE JUDAÏSME ET LA SOCIÉTÉ CHRÉTIENNE AU XVIe SIÈCLE.

Le peuple juif a joué dans l'histoire du monde un rôle si considérable qu'on ne peut pas le trouver étranger à la constitution de la franc-maçonnerie et plus tard à sa propagation. Nous ne partageons pas l'opinion répandue depuis quelques années, qui voit dans la maçonnerie la manifestation d'une grande société secrète juive qui aurait traversé tout le Moyen Age et qui depuis lors aurait dirigé souverainement les loges. La maçonnerie ne serait ainsi qu'une forme de la juiverie. Le P. Deschamps, qui a étudié tout ce qui touche aux sociétés secrètes avec tant de sagacité, n'a jamais partagé cette opinion, et, tout récemment, le savant abbé Lémann l'a réfutée dans son beau livre *l'Entrée des Israélites dans la société française et les Etats chrétiens* [1].

1. Un vol. in-8°. Lecoffre, Paris et Lyon, 1886.

Mais, tout en repoussant ces exagérations, nous croyons que les juifs ont été un des facteurs importants de la secte secrète antichrétienne, qui se constitue au XVIe et au XVIIe siècle, et qu'ils ont toujours eu depuis lors une grande importance dans sa direction politique. Nous allons en indiquer les preuves.

Les études que l'on fait aujourd'hui sur le rôle économique des juifs au Moyen Age ne doivent pas faire perdre de vue l'influence considérable que leurs écoles et leur littérature n'ont jamais cessé d'exercer dans les siècles chrétiens. Ce n'était point sans raison que les conciles proscrivaient les livres talmudiques. Les faits si nouveaux qu'a groupés M. Saige sur la haute situation prise par les juifs au XIe siècle dans les pays du midi de la France, les études de l'abbé Douais sur les Albigeois, ont montré le rapport qui existe entre l'influence sociale et scientifique des juifs et le développement de l'hérésie néo-manichéenne dans ces pays. Les rabbins avaient aussi des écoles à Oxford, et c'est un docteur juif *converti,* Nicolas de Lyra, qui, par ses *Commentaires sur l'Ecriture*, fut le premier inspirateur de Wyclef, et, par lui, de Jean Huss et de Luther, en sorte qu'on disait au XVIe siècle dans les écoles :

Si Lyra non lyrasset,
Lutherus non saltasset[1].

A la fin du XVe siècle, un mouvement général s'était produit contre les Juifs parmi les populations du Portugal, de l'Espagne, de la Provence, du Dauphiné, de l'Italie. On ne leur reprochait plus seulement leurs usures, comme dans les siècles précédents ; on les accusait de répandre systématiquement au sein de la société chrétienne la perversion intellectuelle et la corruption morale, de pratiquer l'avortement, d'être des proxénètes[2]. De là les dispositions renouvelées des conciles des siècles antérieurs, qui leur défendent l'exercice de la profession médicale, et interdisent aux chrétiens d'avoir avec eux des relations de société trop familières.

Le mal était particulièrement grand à Florence, où la colonie

1. Margoliouth, *History of the Jews in Great Brittain* (3 vol. in-12, London 1851), t. I, pp. 282 et suiv.

2. V. les bulles des papes Calixte III en 1456, Paul IV en 1555 et Pie V en 1569, et l'opuscule de Simon Majolus d'Asti évêque de Voltura (1520-1597) *de perfidia Iudæorum* dans ses *Dies Caniculares sive Colloquia viginti sex physica,* t. III, Moguntiæ, 1609. V. aussi le travail de M. Prudhomme sur *les Juifs en Dauphiné,* dans le t. XVII, 3e série, du *Bulletin de l'Académie delphinale.* Grenoble, 1881, in-8°.

juive depuis 1450 non seulement acquérait par l'usure des richesses énormes, mais encore pénétrait dans la haute société et exerçait une influence intellectuelle incontestable. L'un de ses représentants les plus distingués fut Alemanno, connu aussi sous le nom de Datylus, qui fut le professeur d'hébreu de Pic de la Mirandole. Quelques-uns de ses écrits récemment publiés montrent ses relations étroites avec les principaux nobles florentins.

Marsile Ficin, le fondateur de l'Académie platonicienne dont nous avons parlé au § XIII, avait des relations très fréquentes et très intimes avec les rabbins juifs. Lui-même, quoique chanoine, écrit dans une de ses lettres: « Je me suis imposé pour règle de conduite « de réciter trois fois par jour, le matin, le midi et le soir, le « psaume 145, ce qui m'assurera, d'après les docteurs juifs, la béati- « tude éternelle [1]. »

Savonarole avait de trop justes raisons de tonner contre les Juifs et contre les chrétiens judaïsants.

Les progrès foudroyants faits à cette époque par la puissance Ottomane dans la Méditerranée faisaient craindre aussi que les musulmans ne trouvassent des intelligences secrètes dans les Juifs, devenus très nombreux et disposant de grandes richesses [2]. Quant à leurs doctrines sociales, elles ont été exprimées, dans les dernières années du XVe siècle, par le fameux ministre des rois d'Espagne et de Naples, Abravanel. Il attaque violemment dans ses écrits le principe de la monarchie et exalte la forme républicaine de gouvernement comme la seule légitime. On en peut voir une analyse dans l'ouvrage d'un historien très favorable aux Juifs, le comte Beugnot, qui ne peut en dissimuler la violence révolutionnaire [3]. Elle justifie ce jugement porté par son contemporain, Nicolas Antonio : « *Christiani nominis si quis alius infestissimus hostis ac pervertissimus veri calumniator* [4]. »

Or Abravanel, ainsi que tous les Juifs chassés d'Espagne et plus tard de Naples, trouva un accueil empressé à Venise. Le Sénat

1. V. *les Savants juifs à Florence à l'époque de Laurent de Médicis*, par M. Joseph Perles, dans la *Revue des Études Juives*, t. XII, 1886.

2. Ce point de vue fut surtout celui qui détermina l'expulsion des Juifs d'Espagne et de Portugal. Le sentiment populaire força véritablement la main aux rois. V. Balmès, *Catholicisme comparé au Protestantisme*, trad. franç., t. II, pp. 173-178.

3. *Hist. des Juifs d'Occident*, 3e partie, pp. 219 à 226.

4. Cité par Amador de los Rios, *Hist. des Juifs d'Espagne*, trad. par Magnabal, p. 414.

les imposa de force au peuple, qui voyait leur établissement de mauvais œil, et interdit la prédication dans le territoire de la République au bienheureux Bernardino de Feltri, parce qu'il mettait en garde contre eux les populations[1]. Comme les aristocraties financières des villes d'Allemagne[2], celle de Venise était gagnée de cœur aux Juifs. « Le duc Hercule d'Este accueillit aussi les Juifs à Ferrare avec beaucoup d'empressement, et on remarquera que sa cour fut, en Italie, un des premiers foyers du protestantisme.

La Hollande fut un des pays où les Juifs expulsés d'Espagne et de Portugal se réfugièrent en plus grand nombre. Ils furent reçus à Amsterdam avec autant de faveur qu'à Venise. Ils y eurent non seulement une grande position commerciale, mais encore ils en firent un centre d'études très important et y établirent de nombreuses imprimeries[3]. C'est dans ce milieu que les Rose-Croix, on l'a vu, établirent, au XVIIe siècle, un de leurs principaux foyers et que la Maçonnerie a toujours eu plus tard un de ses grands centres. C'est encore de la Hollande que nous verrons tout à l'heure les Juifs pénétrer en Angleterre.

Le judaïsme agit dès cette époque sur les chrétiens par la double tendance qui se manifeste dans son sein et que nous retrouverons représentée dans la Maçonnerie : la kabbale et le rationalisme.

La kabbale orientale avait été conservée pendant tout le Moyen Age par les Juifs[4]. Au XVe siècle, ce sont eux qui l'enseignent à Pic de la Mirandole et à Reuchlin. En Espagne, ils constituent, à partir de 1480, une secte d'Hermetistes judéo-chrétiens[5]. Aussi ne faut-il pas s'étonner qu'en présence de pareils dangers, l'inquisition, institution moins encore religieuse que nationale, ait réclamé si ardemment leur expulsion[6].

1. Beugnot, *Hist. des Juifs d'Occident*, 1re partie, et *Revue des Études juives* de 1882, t. V, pp. 219 et suiv. Le fameux jurisconsulte Alciat, dont nous avons déjà parlé, prit la défense des Juifs dans plusieurs consultations. V. Amador de los de Rios, *les Juifs d'Espagne*, p. 185, et notre *Étude sur le crédit populaire et les banques en Italie du XVe au XVIIe siècle*. In-8°, Paris, Larose et Forcel, 1885.

2. Janssen, *Geschichte des deutschen Volkes*. (Freiburg), 1879, t. I.

3. V. Amador de los Rios, *Histoire des Juifs d'Espagne*, trad. franç. par Magnabal, pp. 421 à 423.

4. V. Théodore Reinach, *Histoire des Israélites depuis leur dispersion*. Paris, 1885, chap. IX, et Gougenot des Mousseaux, *les Juifs, le Judaïsme et la Judaïsation des peuples chrétiens*. Paris, 1859.

5. V. Saint-Yves d'Alveydre, *la Mission des Juifs*, chap. XX, pp. 861 et suiv.

6. V. Hefelé, *le Cardinal Ximenès et l'Église d'Espagne*, trad. française, in-8°, 1860, chap. XVIII.

Les Rose-Croix dérivent directement de la kabbale juive.

Depuis Averrhoës, une sorte de rationalisme se développait aussi dans les écoles juives et, au XVIIe siècle, il était devenu prédominant chez les Juifs d'Amsterdam et d'Angleterre.

Il est curieux de constater que les influences juives avaient pénétré subrepticement à la même époque dans l'Église russe. Vers 1470, un juif de Kiew, nommé Skavia, avait propagé dans les monastères et le haut clergé une hérésie, qui consistait à présenter la venue du Messie, le dogme de la résurrection des corps comme de pures allégories. Le patriarche Zozime était infecté de ces opinions, d'autant plus dangereuses que les adeptes restaient dans l'Église et en observaient en apparence toutes les pratiques. Joseph de Volosk donne des détails très précis sur l'extension de cette hérésie et sur sa répression au commencement du XVIe siècle [1].

Par de tous autres procédés, les Juifs allaient pénétrer dans le cœur de la société chrétienne.

XVI. — Les Juifs en Angleterre sous Édouard VI et Cromwell.

L'ébranlement causé à la chrétienté par l'explosion du protestantisme causa une grande agitation chez les juifs du monde entier. Quoique Luther, animé de tous les préjugés populaires, les accablât d'injures, qui contrastaient avec la mansuétude dont l'Église les avait toujours entourés, et qu'il poussât à leur expulsion violente de l'Allemagne, on voit des Juifs se mêler aux mouvements insurrectionnels de l'époque. Conrad Mutian, dans une lettre du 25 avril 1525, signale la présence d'un certain nombre d'entre eux parmi les paysans révoltés. On en voit encore quelques autres parmi les Anabaptistes [2].

Ils étaient emportés par leur haine du nom chrétien et s'imaginaient que leurs rêves de restauration du royaume d'Israël allaient se réaliser au milieu de cette conflagration.

1. V. Karamsin, *Histoire de la Russie*, trad. franç., t.VI., pp. 241 à 252 et p. 412.

2. V. Tentzel, *Supplementum historiæ gothanæ reliquias epistolare Mutiani*. Jena 1701, p. 75. Friedrich, *Astrologie und Reformation* (Munich, 1864), p. 162. Jorg, *Deutschland in der Revolutions periode von 1522 bis 1526* (1851), pp. 147 et suiv.

Immédiatement après qu'Édouard VI eut adopté le protestantisme, les Juifs cherchèrent à prendre position en Angleterre.

Voici comment s'exprime sur leurs rapports avec ses ministres un historien israélite récent qui fait autorité, Moses Margoliouth :

> Le fameux converti juif Emmannuel Tremellius[1], quand il apprit qu'un pieux protestant, Edouard VI, était monté sur le trône d'Angleterre, vint résider dans ce pays. Il vivait dans une grande intimité avec l'archevêque Cramer et Parker et fut nommé professeur d'hébreu à l'Université de Cambridge. Mais, à la mort d'Édouard VI, il jugea prudent de partir. Sous Elizabeth, Hugh Broughton, théologien célèbre en son temps par ses connaissances en hébreu et en grec, transmit à la reine une lettre écrite en hébreu par un rabbin de Constantinople, Rabbi Rouben, par laquelle ce personnage demandait à la reine, au nom de la communauté israélite de cette ville, à la fois, de lui envoyer des missionnaires à Constantinople, qui était le centre des juifs, et de pouvoir remettre le pied sur le sol de l'Angleterre, pour y travailler à des traductions anglaises de la Bible.

Broughton fut accusé d'avoir inventé ces lettres ; mais il en maintint l'authenticité avec une grande énergie et il insista de nouveau auprès de Jacques Ier pour obtenir cette permission. Elle ne fut pas accordée expressément ; mais, grâce à une connivence tacite, peu à peu un certain nombre de juifs riches vinrent s'établir en Angleterre[2]. Cromwell les protégea si bien qu'en 1654, ils s'enhardirent jusqu'à offrir d'acheter l'église de Saint-Paul, pour en faire une synagogue. Leur offre fut rejetée uniquement parce qu'elle n'était pas assez élevée[3]. L'année suivante, Cromwell, malgré l'opposition d'une partie de son conseil et les protestations des marchands anglais, leur accorda la permission de s'établir dans toute l'Angleterre. Cromwell attachait personnellement le plus grand intérêt à cette mesure, comme on peut le voir dans les relations comtemporaines de la discussion du conseil. Les plus riches juifs de Hollande accoururent immédiatement et, dans les années suivantes, on les voit comme médecins, savants, banquiers, prendre une position importante dans le pays[4]. L'enthousiasme des juifs

1. Tremelli était un juif Ferrarais. Peu après avoir été converti il abandonna le catholicisme pour passer au protestantisme, dont il fut en Italie, puis en Allemagne, un des prédicants les plus violents. V. Cantù *hist des Italiens*, t. VIII, p. 40.

2. *History of the Jews in great Brittain*, 2e édit. London, 3 vol. in-12, 1851, t. I, pp. 303, 305 et suiv.

3. Tovey, *Anglia judaica*, in-4o. Oxford, 1738, p. 259.

4. Margoliouth, *History of the Jews*, t. II, p. 10 à 50.

pour Cromwell fut tel que des juifs d'Acre envoyèrent quelques-uns des leurs en Angleterre pour s'assurer s'il n'était pas le Messie : ils firent des recherches à la bibliothèque de l'Université de Cambridge pour examiner s'il ne comptait pas quelques juifs parmi ses ancêtres[1]. On voit la vive émotion, les espérances que le premier régicide commis dans l'Europe chrétienne avait excité dans Israël.

Quant à Cromwell, il se servit avec grande habileté des Juifs pendant sa domination. Burnett raconte qu'il les employa avec succès comme espions en Hollande, en Espagne et en Portugal[2]. Fidèles à la même politique les Juifs d'Amsterdam aidèrent de tout leur crédit, en 1688, l'expédition de Guillaume d'Orange contre Jacques II.

L'influence des Juifs en Angleterre ne tarda pas à se faire sentir. Ceux qui entrèrent en contact avec les protestants appartenaient à l'école rationaliste. Un des points sur lesquels cette école se séparait des orthodoxes était les obligations à imposer aux Gentils, qui se rattachaient seulement à Noë et non à Abraham, et qu'on appelait pour cela dans le langage Rabbinique les *Noachides*. Tandis que les talmudistes orthodoxes reconnaissaient sept lois de Noé relatives en partie aux prescriptions cérémonielles, le rabbin Joseph Albo, dès 1415, dans son livre *Ikharim*, réduisait tous les enseignements de Noé à ces trois points : 1° Croyance en l'existence d'un Dieu unique ; 2° Témoignage d'une révélation divine primitive ; 3° Foi en des peines et récompenses dans l'autre vie. Mais, quand on pénètre le vrai sens de ces prescriptions ainsi réduites, on voit que dans la croyance à un Dieu unique les rabbins entendaient toujours l'obligation de ne pas adorer Jésus-Christ[3]. Voilà la doctrine secrète que la Maçonnerie allait propager dans la société chrétienne ! L'antiquaire Selden, dans son livre *De jure naturali*, publié en 1640, avait mis en lumière cet enseignement et ce n'est pas sans une intention secrète qu'en 1723, Anderson, dans le livre des Constitutions, présentait le franc-maçon comme un vrai *noachite* qui pratiquait la loi naturelle. Se rattacher à Noé était un moyen détourné de nier Jésus-Christ et de tendre la main aux juifs[3].

1. Tovey, *Anglia judaica*, p. 275.

2. *Histoire des Révolutions d'Angleterre* (La Haye, 1727), t. I, pp. 184-185. Cf. Tovey, *Anglia Judaica*.

3. V. de nombreux passage du Talmud sur la théorie du *Noachide*, recueillis par Achille Laurent, *Histoire des affaires de Syrie*, Paris, 1846, t. II, p. 376, et par Gougenot Desmousseaux. *Le Juif, le Judaïsme et la Judaïsation des peuples chrétiens*, 2e édit., p. 128, Paris, 1886.

3. V. sur l'identité du Judaïsme rationaliste et de la Maçonnerie les articles du

Dès le milieu du XVIIIe siècle, les déistes anglais firent de la cause des Juifs la leur et travaillèrent à les faire pénétrer dans la société civile sur le pied d'égalité, avec la même ardeur que les francs-maçons français et allemands à la fin du XVIIIe siècle. En 1650, un écrivain chrétien, Eduard Michalas, publie une *Apology for the honourable nation of the Jews and all sons of Israël*. Locke, dans ses *Lettres sur la tolérance* (1685-1704), réclame expressément pour les juifs et les mahométans les mêmes droits que pour toutes les confessions chrétiennes.

Toland, le fondateur des sodalités socratiques, publie successivement, en 1715, *Raison pour naturaliser les Juifs dans la Grande-Bretagne et dans l'Irlande sur le même pied que toutes les autres nations*, et, en 1718, un phamphlet intitulé : *Nazarenus ou le christianisme des Juifs, des Gentils et des Mahomètans*. Si l'on ne voit pas de Juifs dans les loges de Londres, d'York et d'Ecosse des premières années, c'est qu'ils ne voulaient pas effrayer l'opinion. D'ailleurs, ils avaient les hauts grades hermétiques, dont parle le livre *The long Livers*, pour fraterniser avec les chrétiens apostats qui fondaient la grande loge d'Angleterre.

La cause des Juifs progressa parrallèlement avec la Maçonnerie et en 1753, le Parlement vota un bill qui leur ouvrait l'accès de la naturalisation ; mais, sur les réclamations du commerce de Londres, cet acte fut rappelé dès l'année suivante.

XVII. — Les Juifs en France au XVIe et au XVIIe siècle.

En France, au XVIe siècle, les Juifs étaient fort peu nombreux. Ils ne formaient pas un noyau de population comme en Allemagne et en Italie. Ils avaient été, en effet, chassés du royaume en 1394, et Louis XII, en 1501, avait étendu cette proscription à la Provence. Cependant des médecins, des savants, des marchands juifs parvenaient toujours à pénétrer dans le pays et, grâce à leurs artifices, un certain nombre étaient parvenus à s'y implanter [1]. Nous allons reproduire un passage de la dissertation publiée par Leber dans sa *Collection de dissertations sur l'histoire*, qui montrera combien devait être dangereuse leur pénétration dans la société :

F... Schwalbach dans la *Bauhutte* de juillet 1885 *War die englische Grossloge bei ihrer Grundung eine Christliche Institution ?*

1. Leur importance commerciale dans les villes de la Narbonaise (*sic*) est constatée,

« Louis XI avait donné, en 1474, un édit par lequel il permettait à tous les étrangers, excepté les Anglais, de se fixer à Bordeaux. Cela donna lieu à un Juif espagnol, baptisé, nommé André Govea, de venir s'établir dans cette ville, où il devint, en 1534, professeur de belles-lettres[1]. Plusieurs de ses compatriotes, *nouveaux chrétiens* comme lui, vinrent l'y joindre, et, au mois d'août 1550, ils obtinrent de Henri II des lettres patentes par lesquelles il leur fut permis de résider avec leurs familles dans toute l'étendue du royaume et d'y faire librement le commerce. Ils purent acquérir et posséder toute espèce de biens, tester et recueillir des successions; enfin jouir de tous les privilèges, franchises et libertés dont jouissaient les sujets du Roi. Dans ces lettres, ils étaient dénommés *marchands et autres Portugais appelés nouveaux chrétiens*. Ces lettres furent enregistrées au parlement de Paris le 22 décembre 1550, et confirmées, le 11 novembre 1574, par Henri III, qui les rendit communes aux Portugais établis au Saint-Esprit, car la ville de Bordeaux n'était pas la seule dans laquelle ces marchands étrangers étaient venus se fixer[2]................

En attendant, tous ces privilèges ne leur étaient encore accordés que comme à des marchands étrangers, et, bien que leur origine fût connue, ils passaient toujours pour chrétiens et ils faisaient baptiser leurs enfants. Ce fut vers l'an 1686 qu'ils cessèrent de se contraindre sur ce point; et, vingt ans plus tard, ils renoncèrent aussi à se marier devant les curés catholiques. Ils firent alors construire des synagogues à Bordeaux et eurent bientôt après un cimetière particulier. Enfin, au mois de juin 1723, de nouvelles lettres patentes données à Meudon les confirmèrent dans leurs privilèges, et ce fut alors que, pour la première fois, ils furent reconnus pour être de la religion juive et que la qualification de Juifs leur fut officiellement donnée. Ils payèrent pour ces lettres un droit de joyeux avènement de 110,000 livres. »

Ces indications sur la fausseté des conversions des nouveaux chrétiens et les pratiques judaïques qu'ils conservaient pendant plusieurs générations dans l'intérieur de leurs familles, tout en fréquentant ostensiblement les églises et en recevant les sacrements, sont confirmées par le dernier historien des juifs de Bordeaux, M. Malvesin[3]. Il est de tradition qu'en Espagne, et peut-être même

en 1568, par Bodin, dans sa *Réponse aux paradoxes du sieur de Malestroit*. Il vante les services que ces Juifs ont rendus au commerce français en lui ouvrant des débouchés en Barbarie.

1. Cet Antoine Govea (1505-1566) fut, à tort ou à raison, accusé de socinianisme et d'athéisme, à plusieurs reprises. V. Caillemer, *étude sur Antoine de Govea*, dans les *Mémoires de l'Académie de Caen*, 1865, p. 107-109.

2. Les lettres de 1550 n'avaient pas été enregistrées au parlement de Bordeaux. Celles de 1574 le furent dans ce parlement ainsi que dans celui de Paris. V. Beugnot, *Histoire des Juifs d'Occident au moyen âge*, 1re partie.

3. *Histoire des Juifs de Bordeaux*, in-8°, Bordeaux, 1875.

à Bordeaux, plusieurs, pour mieux se déguiser, ne craignirent pas d'entrer dans les ordres sacrés[1].

En Provence où les Juifs avaient réussi à s'infiltrer, grâce au voisinage du Comtat Venaissin, et où ils étaient parvenus à éluder l'édit de Louis XII ci-dessus mentionné, l'opinion publique accusait de fausseté leurs conversions et prétendait que leurs descendants continuaient à Judaïser pendant plusieurs générations. Nous publions en appendice plusieurs témoignages de l'opinion courante à ce sujet au XVIIe et au XVIIIe siècle.

Les familles juives converties sans sincérité offraient évidemment un milieu tout préparé à la propagande de la secte antichrétienne et c'est à une influence de ce genre qu'il faut attribuer la vie en partie double de Jean Bodin. En 1574, les étudiants nouveaux chrétiens Portugais du collège de Guyenne à Paris, dit M. Malvesin, étaient fortement soupçonnés de propager l'hérésie des huguenots[2].

L'opinion populaire les accusait de correspondre avec les sultans de Constantinople et de les tenir au courant de l'état intérieur des Etats chrétiens[3]. En 1614, dans son *Traité de l'économie politique*, dédié au roi et à la reine mère, Montchrétien, sieur de Watteville, dénonçait les dangers qu'ils faisaient courir au pays[4] et, l'année suivante, le 23 avril 1615, Louis XIII défendait à tous ses sujets, sous peine de la vie et des biens, de recevoir les Juifs ou de converser avec eux.

1. « Les *Marranes* ou faux catholiques n'existent plus en Espagne depuis le dernier siècle; mais dans le Portugal, lors de l'inauguration de la synagogue de Lisbonne, on a été surpris de voir des familles arriver de fort loin de l'intérieur du pays pour prendre part à la fête du Grand Pardon ; c'étaient des *Marranes* qui avaient conservé intactes, pendant trois cents ans, la foi et les traditions de leurs pères ! » Th. Reinach, *Hist. des Israëlites depuis leur dispersion*, p. 351.

2. *Hist. des Juifs de Bordeaux*, p. 112. Cf., ci-dessus p. 48 sur Tremelli.

3. V. P. Mathieu, *Histoire de sept années du règne d'Henri IV* (1605), t. I, pp. 85-86.

4. « De nos commissionnaires il faut que je passe à certains hommes qui se sont glissés en France depuis quelques années et y traitent pour leurs compatriotes ou pour eux-mêmes. Je ne sçais pas bien ce que j'en doy dire, mais il court d'eux de fort mauvais bruits.... Les dimanches qu'ils ne choment point, le lard qu'ils ne mangent point, les figures des corps que leurs femmes ne tirent point en tapisserie, les tableaux qu'ils n'aiment point et plusieurs autres telles choses que l'on voit publiquement, sans parler de leurs secretes assemblées, qui déjà scandalisent beaucoup de gens de bien, à la vérité, sentent un peu le recutit. On dit que ces gens sont en dehors de grande parade, mais fort sales et mesquins chez eux, en leur particulier. Ils ne font servir la soie que de leurre pour le crédit, ce qui ne leur succède pas mal....... (*Traité d'économie politique*, 2e partie, p. 87.)

Ces dangers étaient fort réels, sinon au point de vue des communications des Juifs avec les Ottomans qui ne sont pas plus fondées sans doute que leurs prétendues conspirations avec les lépreux au Moyen Age, au moins par rapport aux idées religieuses et politiques qui formaient la base de la Constitution nationale et qu'ils ébranlaient.

On peut, en effet, signaler comme un précurseur de la maçonnerie au XVIIe siècle un personnage dont le véritable nom est inconnu, mais qui se faisait appeler Eyrenée Philalèthe et qui, au milieu du XVIIe siècle, parcourait la France, l'Angleterre, la Hollande, l'Amérique, sans jamais s'établir nulle part, se présentant sous des déguisements trompeurs, et parlant d'une nouvelle religion humanitaire, qui devait s'établir prochainement et comprendre toutes les nations. « Il paraît par ses écrits, dit Lenglet Dufrenoy, que cet adepte avait une forte inclination pour le peuple juif : son zèle ne les regarde pas moins que les chrétiens : c'est une affection de tendresse par laquelle il se déclare en plusieurs endroits de ses ouvrages ; un sage rabbin ne leur en témoignerait pas davantage. » Il fit des disciples jusqu'en Amérique.

Comme les Rose-Croix, comme un certain Svendivogius d'origine anabaptiste, qui était en grandes relations avec eux (mort en 1646, en Pologne), et un Anglais qui se faisait appeler le *Cosmopolite* et lui est antérieur de peu d'années, le *Philalethe* faisait sa propagande sous le prétexte de communiquer l'art de transmuter les métaux[1]. Cette folie, au XVIIe siècle, tourmentait encore bien des esprits, mais ce n'était vraisemblablement qu'un voile pour faire une propagande d'une autre nature. Une dernière fois nous ferons remarquer l'apparition dès le XVIe siècle et dès le XVIIe de ces noms de *Philalethe*, de *Philadelphe*, de *Cosmopolite*, qui vont être les titres des loges maçonniques. C'étaient depuis longtemps les *mots de passe* des sectaires.

1. Lenglet Dufrenoy, *Histoire de la philosophie hermétique*, 3 vol. in-12. Paris, 1742, t. I., pp. 402 et suiv. et p. 443 et t. II, p. 22. Figuier l'*Alchimie et les Alchimistes*, (Paris 1854) donne beaucoup de détails sur les voyages et les travaux chimiques de ces personnages ; mais il passe systématiquement sous silence leur propagande anti-chrétienne.

XVIII. — Le rôle des Juifs dans la maçonnerie au XVIIIe siècle.

C'est une grande erreur de croire que les Juifs aient été exclus des loges jusqu'à ces derniers temps. Ils l'ont été, en effet, à partir du milieu du XVIIIe siècle, quand la maçonnerie s'étendit tellement que l'on fonda partout des loges au caractère aristocratique. Ainsi, en 1750, les loges de Bordeaux décidèrent de ne plus recevoir comme visiteurs les Juifs, même les maçons réguliers. Cela prouve bien qu'il y avait antérieurement des Juifs francs-maçons. Il en fut de même en Allemagne, quand, à la fin du siècle dernier, l'apostat Fessler reprit et sauva l'œuvre des Illuminés en inventant *la Maçonnerie chrétienne*. Mais cette exclusion n'a jamais porté que sur les loges symboliques ou quelques rites de parade. Au XVIIIe siècle, un des plus grands propagateurs des hauts grades maçonniques fut le Juif portugais Martinez-Paschalis, le fondateur des Illuminés français que l'on voit à l'œuvre dès 1744. Avant cette époque, les Juifs étaient reçus dans les loges symboliques et notamment dans celles de Londres. Nous en avons donné la preuve dans le tome III de l'ouvrage du P. Deschamps, *les Sociétés secrètes et la Société*, pp. 35-36, et depuis lors nous avons recueilli de nouvelles preuves de ce fait [1].

Quelques années plus tard, ce sont deux Juifs, Stephen Morin et Franken, qui, de 1761 à 1767, établissent solidement en Amérique le *rite écossais ancien accepté*, qui est, de toutes les organisations maçonniques, celle qui conserve le mieux les traditions de la secte et qui maintient inébranlablement le caractère international de l'ordre. Dans les trente-trois degrés qui le composent, il y a jusqu'à onze grades à la forme israélite et biblique. Or ce sont précisément ceux où la secte enseigne comment elle entend la propriété, le travail, la liberté, la représentation nationale, la constitution politique dans

1. V. notamment *le Miroir de la Vérité*, par le f.·. Ant. Abraham. 3 vol. in-8°. Paris, 1800 à 1802, t. II, p. 6. En 1763 son père fit à la Grande Loge d'Angleterre à Londres un discours sur le rite Ecossais de Ramsay.

une civilisation maçonnique. Ce sont aussi ceux où se formule expressément la substitution des *droits de l'homme* ou du Naturalisme au droit supérieur de la Révélation [1].

Les interprètes de ces grades au XVIIIe siècle et dans la première moitié de celui-ci travestissent l'histoire de Jésus-Christ, de la Sainte Vierge et des principaux personnages évangéliques par des contes odieux et burlesques. Or ces interprétations blasphématoires ne sont pas autre chose que les légendes rabbiniques contenues dans les livres du Talmud et qui soulevèrent d'horreur le monde chrétien, quand au XIIIe siècle, on découvrit la doctrine secrète des Juifs.

Au milieu du XVIIIe siècle, en Allemagne, Lessing, le grand propagateur de la franc-maçonnerie, tend la main aux Juifs. Dohm, en 1781, écrit son livre *De l'amélioration de l'état civil des Juifs*, dont on a pu dire qu'il avait été pour l'Allemagne ce que *le Contrat social* de Rousseau avait été pour la France. C'est dans un salon juif, à Berlin celui des Mendelshon, que Mirabeau se lie avec les Illuminés, et, pour préluder à son rôle révolutionnaire, il donne un gage décisif en se faisant à son retour en France l'avocat de l'émancipation des Juifs[2], dans son livre *sur la Réforme politique des Juifs* (Londres 1787).

Ce n'était pas sans raison qu'en 1790, la municipalité de Paris, composée presqu'exclusivement de francs-maçons, prenait une délibération pour faire obtenir aux Juifs l'égalité des droits civils et politiques et indiquait comme motifs à l'appui que, « dans cette révolution surtout, ils ont donné les preuves les plus méritoires de patriotisme ; » et votait une motion dont l'article premier est ainsi conçu :

« A arrêté 1° qu'il serait donné aux Juifs de Paris un témoignage public et authenthique de la bonne conduite qu'ils ont toujours montrée, du patriotisme dont ils ont donné des preuves et des vertus qu'on a su qu'ils pratiquaient *en secret* par le témoignage du district des Carmélites, dans l'enceinte duquel le plus grand nombre vit [3]. »

Avant que la franc-maçonnerie n'enserrât l'Europe chrétienne de

1. *Maçonnerie pratique, Cours d'enseignement supérieur de la Franc-Maçonnerie,* par le très puissant souverain, grand commandeur d'un des suprêmes conseils confédérés à Lausanne. (Paris, Baltenweck, édit. 1885-86.) T. I, pp. 43-45 et 393-39.

2. V. sur cette phase de la préparation de la Révolution le beau livre de l'abbé Lehmann, *l'Entrée des Israélites dans la Société française.* Paris, 1886, chapitre VII.

3. V. le *Moniteur,* du 9 février 1790.

son réseau et ne préparât l'explosion de 1789, de loin d'abord par une propagande doctrinale, puis par des complots noués dans les convents de Willemsbaden et de Paris, divers groupes, animés d'une haine profonde contre le christianisme, vivaient disséminés et cachés sous un voile épais d'hypocrisie et se transmettaient les traditions des anciennes hérésies. Les loges donnèrent à ces forces hostiles une organisation appropriée à l'esprit du temps et à la corruption des hautes classes, en même temps que, dans leurs rituels, variés à l'infini, elles recueillirent et amalgamèrent toutes les erreurs du passé et les unirent dans cette grande négation du gouvernement de Dieu et de ses droits, qui est le Naturalisme.

Nous n'avons pas la prétention d'avoir, dans cette étude, indiqué tous les précurseurs de la maçonnerie aux XVIe et XVIIe siècles. Il est plus d'une personnalité et même plus d'un groupe qui a agi sur les évènements, sans que l'histoire ait conservé sa trace. Cependant de nouvelles recherches peuvent amener des découvertes et nous estimons que les érudits qui travailleront à compléter et à rectifier les aperçus de notre étude rendront un véritable service aux études historiques.

APPENDICE I.

DE LA FRANC-MAÇONNERIE ORIENTALE OU DE LA SECTE DES ISMAÉLIENS.

Un fait capital, mais très peu connu, est l'existence dans le monde musulman depuis le IXe siècle de l'ère chrétienne d'une grande société secrète dont les principes, l'organisation, les grades et les procédés de propagande sont absolument identiques à ceux de la franc-maçonnerie occidentale. C'est la secte des Ismaéliens. Elle était très répandue en Syrie à l'époque des Croisades et il est fort vraisemblable qu'elle séduisit un certain nombre de Templiers par le syncrétisme religieux et la licence absolue de mœurs qu'elle enseignait dans ses hauts grades [1].

I. — Nous allons mettre le lecteur à même d'en juger en analysant le long mémoire qu'a publié sur ce sujet le savant orientaliste Silvestre de Sacy. Il forme l'Introduction de *l'Exposé de la religion des Druses*, 2 vol. in-8o, Paris, 1838.

La secte des Ismaéliens commença à se former d'abord comme une doctrine théologique, vers l'an 148 de l'hégire, c'est-à-dire vers 750 ap. J.-C. Elle ne reconnaissait que sept Imans au lieu des douze que vénèrent les musulmans orthodoxes. Le dernier, Mahmed fils d'Ismaïl, est bien supérieur selon elle à Mahomet : il n'est pas mort et doit un jour reparaître. Aussi cette secte est-elle connue également sous le nom de *la doctrine de l'Iman caché*. Cette croyance est exploitée par tous les ambitieux et tous les fanatiques. On trouve à ce sujet de longs détails dans les *Prolégomènes historiques* de l'historien africain Ibn Khaldoun, qui écrivait dans les dernières années du XIVe siècle [2].

La nouvelle secte se recruta surtout chez les Schiites ou partisans d'Ali et s'est principalement propagée dans la partie orientale du monde de l'Islam. Vers 264 de l'hégire (878 ap. J.-C.), elle se constitua définitivement comme une grande société secrète, avec sa hiérarchie et une propagande organisée. Elle prit à cette époque le nom de secte des *Karmates*, mais elle est plus connue sous le nom de secte des Ismaéliens.

Elle a été mêlée à toutes les révolutions de l'Orient. Les fameux *Haschichins* qui, dirigés par le *Vieux de la montagne*, faisaient trembler tous

1. Cette opinion est fort bien présentée dans l'*Allgemeines Handbuch der Freimaurerei*. Vo Drusen.

2. Cet ouvrage a été traduit en français par M. de Slane, dans les *Notices et Extraits des manuscrits de la Bibliothèque nationale*, t. XIX et XX.

les princes chrétiens et musulmans, étaient une branche de la secte ismaélienne. Ils étaient répandus dans l'Irac, la Syrie et la Perse [1].

Les détails que donne Silvestre de Sacy sont empruntés à deux historiens égyptiens : Nowaïri (1280-1331) et Makrisi (1360-1442). Ce dernier a traité le sujet *ex professo* dans la *Vie du khalife Fatimite Hakem.*

Les Ismaéliens appellent eux-mêmes leur doctrine la *Science du sens intérieur.* Elle consiste à regarder comme des allégories tous les préceptes de l'Islamisme. Ils cherchent à enrôler dans leur rang non seulement des Schiites, mais encore des Musulmans Sunnites, des Dualistes, des Chrétiens et jusqu'à des Juifs. Les frères chargés de la propagande s'appellent les *Daïs.* Ils y consacrent leur vie, et les pratiques qui leur sont recommandées, dans l'instruction détaillée dont Nowaïri donne le texte authentique, sont absolument celles que Weishaupt, le fondateur des Illuminés, prescrivait aux *frères insinuants.* En s'adressant à des gens d'origine et de religion si diverses, ils doivent parler à chacun son langage et se présenter à eux comme animés du zèle le plus grand pour leur religion. Ils les persuaderont ainsi de recevoir successivement les grades de l'Ordre. Ils doivent en outre se rendre habiles dans l'art des prestiges pour accroître leur influence.

Il y a neuf degrés successifs d'initiation ; à chacun un nouveau serment de garder le secret est exigé.

Le but de la secte se dévoile peu à peu.

Les cinq premiers degrés d'initiation ne contiennent que des données à la rigueur conciliables avec l'Islam, mais qui ébranlent peu à peu la foi du nouvel adepte en tournant ses idées vers les sens allégoriques et mystiques du Koran au lieu du sens traditionnel et pratique. *Au sixième degré* « auquel on ne passe point que le prosélyte ne soit bien affermi dans la croyance de tout ce qu'on lui a enseigné précédemment et qu'on ne se soit bien assuré de sa discrétion et de son silence, le daï enseigne aux prosélytes que les observances légales de la prière, de la dîme, du pèlerinage, de la pureté légale, etc., n'ont été établies que comme des énigmes par des philosophes d'entre les prophètes et les Imans : qu'ils n'ont vu dans ces pratiques qu'un moyen de tenir le commun des hommes dans la dépendance, de les exciter aux actions qui peuvent être utiles à la société, de les empêcher, en les distrayant ainsi, de se faire tort les uns aux autres et de commettre des brigandages sur la terre. En même temps, néanmoins, on témoigne beaucoup de vénération pour les auteurs de ces institutions et on vante la profonde sagesse qui leur a inspiré ces lois...

Au *septième degré*, on enseigne le dualisme : on détourne le prosélyte du dogme de l'unité de Dieu et on lui persuade que le titre de créateur et l'œuvre de la création appartiennent à deux êtres. Au surplus, dans leur système, la production des substances corporelles n'est point une véritable création : ce n'est que conformation et disposition. Voilà

1. V. von Hammer, *Histoire de l'ordre des Assassins* (trad. française, Paris, 1833, in-8°).

pourquoi quand un Daï enrôle un Dualiste, il lui confère immédiatement ce degré.

Au *huitième degré* le daï enseigne au prosélyte que ce qui caractérise un prophète véridique, ce ne sont point, comme on le dit communément, les miracles, mais l'établissement de certaines institutions politiques qui forment un gouvernement bien constitué, de principes sages dont se compose un système de philosophie... la formation d'un système de religion que les hommes adoptent sur l'autorité de ce prophète. Après cela on enseigne qu'Abraham, Moïse, Jésus et tous les autres prophètes ne sont que des prophètes instituteurs de politique et d'observances légales, qui ont reçu les leçons des prophètes de la philosophie tels que Platon et autres philosophes du même genre et qu'ils n'ont institué leurs religions que pour conduire les hommes à la doctrine des prophètes de la philosophie..... Le daï donne à la parole de Dieu, à la résurrection, à la fin du monde, au jugement dernier, à la distribution des récompenses et des châtiments, un sens tout particulier, qui n'a rien de commun avec ce qu'entendent par ces choses ceux qui professent la croyance de l'unité de Dieu. Tout cela, suivant eux, ne signifie autre chose que les révolutions des astres et de l'univers qui se succèdent périodiquement *les unes aux autres*, la production et la destruction de toutes choses suivant la disposition et la combinaison des éléments... En admettant ces dogmes, dit Nowairi, on renonce nécessairement à toute religion fondée sur l'autorité d'une mission prophétique, quelle qu'elle soit, et ceux qui les adoptent ne peuvent plus être comptés que parmi les matérialistes et les dualistes.

Le neuvième degré d'initiation est ainsi décrit par Makrisi :

« Quand le prosélyte a acquis toutes les connaissances dont nous avons parlé jusqu'ici, on l'applique alors à examiner les choses qui existent et à rechercher leur nature et leurs définitions suivant la méthode des philosophes et d'après leurs livres...

« Ceux qui parviennent à ce degré d'instruction adoptent quelques-uns des systèmes reçus par les infidèles, qui croient à l'éternité des principes élémentaires des substances.

« Tout ce que nous avons exposé précédemment des moyens que l'on emploie dans les premiers degrés de l'instruction n'a pour effet que de faire abandonner au prosélyte les religions fondées sur la révélation et sur une mission prophétique. Ce moyen est également bon à l'égard de toutes les religions, comme une sorte de préparation énigmatique.

« Par l'usage de l'interprétation allégorique on détourne le sens des paroles de chaque religion pour l'accommoder à cette nouvelle doctrine, ayant soin de se conformer à ce qui plaît au prosélyte, quelle que soit la religion à laquelle il appartienne

« On enseigne au prosélyte que les divers Imans sont très inférieurs à Mahmed, fils d'Ismaïl, le chef et docteur de la dernière période. Aucun d'eux n'a ni fait aucun miracle ni reçu de Dieu aucune révélation pour la communiquer aux hommes, comme le prétendent ceux qui tiennent à la doctrine littérale et extérieure..... *On n'est donc point obligé de se conformer à ces lois, si ce n'est autant que cela est nécessaire pour maintenir l'ordre et pour la conservation des intérêts mondains. Quant à l'homme qui connaît, il n'est nullement obligé de pratiquer ces lois.* La connaissance dont il est en possession lui suffit ; car c'est là la vérité certaine à laquelle on doit tendre. En dehors de cette connaissance, toutes les ordonnances légales ne sont que comme des ballots et des fardeaux imposés aux infidèles, aux gens qui ignorent les causes et le but de ces ordonnances. Cette doctrine s'étend également à toutes les lois qui défendent l'usage de certaines choses.

« *Souvent l'adepte qui est parvenu à la connaissance de tout cela embrasse les opinions de Manès ou du fils de Dais ou Barbesane ; tantôt il adopte le système des mages, tantôt celui d'Aristote ou de Platon, le plus souvent il emprunte de chacun de ces systèmes quelques idées qu'il mêle ensemble....*

« Ce système d'instruction et ce plan de séduction furent arrêtés d'abord d'un commun accord entre les *Daïs,* avant qu'ils se séparassent pour exercer leur mission. Ensuite ils se séparèrent et se répandirent en divers pays où ils propagèrent leur doctrine et obtinrent plus ou moins de succès, à proportion de leur talent et de leurs efforts. Ce fut vers l'an 264 de l'hégire (872 ap. J.-C.) qu'ils firent le plus grand nombre de prosélytes en Syrie et en Perse. »

Cette doctrine primitive éprouva dans la suite, dit M. Silvestre de Sacy, diverses altérations, et la secte se divisa en différentes branches depuis sa propagation dans le Magreb, l'Égypte, la Syrie. On changea particulièrement ce qui regardait Mahmed, fils d'Ismaïl, que l'on ferait d'abord reconnaître par l'Iman...

Les doctrines des Ismaéliens furent adoptées par le khalife égyptien Hakhem, à la fin de sa vie (996-1021). Il devint un incrédule, disent les écrivains musulmans. Effectivement, il fit alors succéder une grande bienveillance pour les chrétiens et pour les juifs aux persécutions dont il les avait d'abord accablés.

II. — Le khalife Hakhem a été regardé par certains sectaires comme l'*Iman caché.* C'est encore la croyance des Druses, qui sont une branche de la secte ismaélienne. Leur culte est cependant mélangé d'autres éléments ; mais ils restent fidèles à l'idée fondamentale en l'appelant eux-mêmes la *Religion unitaire.* Certaines de leurs superstitions, comme l'adoration de l'image d'un veau, rappellent le culte du Baphomet, pratiqué par les Templiers.

Le savant Achille Laurent, dans *la Relation historique des affaires de Syrie, depuis 1840 jusqu'en 1842* (Paris, 1886, 2 vol. in-8°), t. I, p. 408 et suiv., dit que « le formulaire ou catéchisme des Druzes, est semblable aux livres des francs-maçons : il n'enseigne pas le fond de leur religion : on ne peut l'apprendre que des akals, qui n'en démontrent les mystères qu'après avoir fait subir des épreuves et fait faire des serments terribles. » Il raconte plusieurs faits dont il fut témoin personnellement et qui montrent avec quelle rigueur le secret des initiations est gardé.....

Les Druzes, ajoute-t-il, adorent le khalife Hakem comme un Dieu, sous la figure d'un veau[1]. Les ministres de leur idole appartiennent indifféremment à l'un ou à l'autre sexe et sont appelés du nom de sages, en arabe akals pour les hommes et akalehs pour les femmes..... Tous les ans, à une époque déterminée, les akals et akalehs se réunissent dans l'endroit désigné pour leurs assemblées, pour y célébrer la *fête des Bougies*. L'akal le plus âgé se met dans le coin d'honneur de la salle et fait à haute voix et à la clarté de plusieurs bougies une lecture qui a rapport au but de la réunion. Cette lecture terminée, il éteint les bougies, et alors chaque akal s'empare d'une akaleh, et les enfants qui naissent de cet acte religieux sont considérés comme prédestinés.

III. — En dehors de l'action des Ismaéliens sur les Templiers, qui est très vraisemblable[2], le plus profond mystère couvre les communications qui ont pu exister entre la secte orientale et la Maçonnerie occidentale.

Ce que nous savons seulement par nos études personnelles et bien des communications particulières, c'est 1° que la secte des Ismaéliens existe toujours en Orient ; 2° qu'il y a aussi dans ces pays des sociétés secrètes ayant conservé la doctrine syncrétiste et ayant des initiations auxquelles elles admettent les chrétiens comme les musulmans ; 3° que de nos jours plusieurs Européens, après y avoir été initiés dans leurs voyages dans le Levant, ont joui auprès des loges maçonniques, d'une considération due autant au haut degré de leur initiation qu'à la profondeur de leurs sentiments antichrétiens.

1. M. Silvestre de Sacy, *Exposé de la religion des Druses*, t. I, p. 232, dit que la prétendue idole des Druses était au contraire l'emblème d'Iblis, de l'ennemi ou du rival d'Hakem... C'est une innovation introduite dans la religion unitaire par le chef d'une secte hérétique.

2. V. von Hammer, *Histoire de l'ordre des assassins*, pp. 90 et 339.

APPENDICE II.

STATUS ET LOIX DES FRÈRES DE LA ROSE-CROIX, D'APRÈS UN MANUSCRIT DU XVIIIe SIÈCLE.

Nous publions ici un document qui date des dernières années du XVIIIe siècle et qui provient des manuscrits maçonniques de M. André Peyrusse, aujourd'hui déposés à la bibliothèque de Carcassonne.

André Peyrusse avait été d'abord secrétaire de Kléber en Egypte, puis secrétaire général de l'administration des finances en Egypte, trésorier général de la Louisiane, receveur général du Hanovre et receveur général du département d'Indre-et-Loire jusqu'en 1815, où il fut destitué. Comme tous les hauts fonctionnaires bonapartistes, il était fort avant dans la maçonnerie et avait été l'un des membres les plus importants du rite écossais ancien accepté. Il mourut en 1855.

Ces manuscrits comprennent la série complète des cahiers des 31 premiers grades du rite écossais. Jusqu'à la récente publication du *Cours de maçonnerie pratique*, les cahiers du 33e grade avaient été gardés avec tant de précautions qu'aucune copie n'était sortie du sein des conseils suprêmes[1].

Plusieurs de ces cahiers sont contresignés et certifiés conformes aux *originaux* déposés au secrétariat général du grand chapitre de Heredom de Kilwining, à Edimbourg, par le f∴ Abraham, secrétaire général de la grande loge générale écossaise de France, l'auteur du *Miroir de la Vérité*, que nous avons cité plus haut.

Ces cahiers indiquent bien la portée de la maçonnerie : le but essentiellement révolutionnaire et antichrétien des hauts grades s'y accuse beaucoup plus ouvertement que dans les éditions et remaniements postérieurs qui en ont été faits.

Aux cahiers du grade de rose-croix se trouve annexée la pièce que nous publions ici. Nous avons déjà dit le nombre considérable de documents supposés, de légendes fabriquées par les fondateurs des rites maçonniques au XVIIIe siècle. Cependant des traditions réelles peuvent parfois leur avoir servi de point de départ. Les quelques faits de l'histoire de la confrérie des rose-croix, qui sont exposés dans ce document, sont en conformité si parfaite avec les relations authentiques du commencement du XVIIe siècle, les données qu'il y ajoute sont tellement conformes à ce que nous savons de l'esprit de cette confrérie, que nous inclinons à admettre qu'une tradition réelle a servi de base à cette rédaction. En tout cas elle a toujours la valeur d'un document maçonnique indiquant l'esprit des loges pendant la prépara-

1. 2 vol. in-12. Paris, 1885-1886. Baltenweck, éditeur.

tion de la Révolution française et aussi sous le premier Empire, époque qui fut l'apogée de la maçonnerie.

Le manuscrit de Carcassonne, que nous reproduisons ici, contient plusieurs fautes de français et plusieurs mots sont omis. Il est lui-même une copie de manuscrits antérieurs. Les différences de date que l'on remarque notamment entre le préambule et les articles 16 et 19, indiquent des remaniements successifs et sont plutôt une preuve de l'authenticité d'un fond primitif de rédaction datant du XVIIe siècle.

GRADE
DES PRINCES CHEVALIERS
DE ROSE CROIX
ET
CHEVALIERS DE LA CROIX D'OR
FAMEUX ORDRE SUBLIME
THÉOLOGIQUE ET PHILOSOPHIQUE
DES F.·. DE LA RO.·. C.·. OU DES A.·. ET SEP.·

STATUS ET LOIX
DE NOS F.·.

L'an 1624, les frères voulant se réunir pour convenir de certains arrangements pour que leur sainte société ne vînt pas à se perdre, ils firent circuler une invitation à tous les membres qui pourraient se trouver sur la terre, et il ne s'en trouva plus que 9 et 2 apprentifs, lesquels, après de mûres réflexions, arrêtèrent que notre ordre devrait être multiplié afin que la grande science ne se perdît pas avec les membres qui viendraient successivement à diminuer jusqu'à l'anéantissement total de l'ordre et de leur grand sçavoir. Ils ont donc conclu unanimement qu'il était indispensablement nécessaire de tenir les articles suivants :

1. — Que la confraternité qui n'était anciennement que de 23 frères serait augmentée jusqu'à 63 sans en augmenter le nombre et sans le consentement unanime d'un chapitre qu'ils tiendraient (s'il était nécessaire) pour cet objet (*sic*).

2.— Qu'on ne recevra aucun fanatique, ni bigot, ni impie, mais seulement des gens vraiment chrétiens, capables de la régénération de toute la communion chrétienne; or, comme la différence de religion causait autrefois des dissentions parmi nos frères, l'on juge à propos de ne recevoir que des protestants, ce qui établira une union parfaite parmi nous; mais les préjugés des sçavants ayant été subjugués à la raison, cela fit qu'on reçut aussi des catholiques romains pour prouver que nous n'avons de l'aversion pour qui que ce soit. Le comte de la Marche Trévisane n'était-il pas des nôtres? Mais il y aurait beaucoup à dire sur sa façon de penser qu'on peut tirer de son symbole.

3. — Que notre Empereur ou Roy demeurera dans sa dignité sa vie durant.

4. — Il y aura une liste exacte de tous les noms des frères, de leur âge, de leur demeure quand ils ont été reçus, du pays qu'ils habitent, afin qu'en cas de besoin on les puisse secourir. Le plus ancien de tous nos frères doit toujours être élu pour la dignité d'Empereur et dans nos chapitres on lui donne le titre de Grand Seigneur.

5. — Lorsque deux ou trois frères seront assemblés, ils ne pourront pas élire un frère nouveau ni faire aucune réception sans le grand sceau de notre Empereur, et celui qui sera reçu autrement ne pourra ni devra être reconnu pour un de nos frères, puisqu'il est sensé être reçu sans le consentement supérieur que le grand sceau donne à celui qui en est muni : *Dans certains cas, un frère peut faire des prosélytes* et recevoir les aspirants, mais il ne faut qu'un de nos anciens ou un de nos mages qui n'ont que Dieu ou la Sagesse pour guide de leurs actions.

6. — Il y a trois grades qui sont : l'apprentif, le compagnon et le maître, ne s'écrit pas (*sic*), l'apprentif étant à son temps sous la discipline d'un maître, le doit aider dans ses travaux, ce qui lui fait mériter de recevoir le grade de compagnon, cependant chaque apprentif est soumis au maître qui le doit instruire afin de le rendre digne et capable de participer à nos travaux, d'où il appert que l'apprentif avant et dans le temps qu'il aide son maître lui doit être obéissant jusqu'à la mort.

7. — Les frères ne mangeront pas ensemble excepté le dimanche ; mais s'ils travaillent ensemble, ils pourront aussi manger ensemble.

8. — Il est expressément défendu à qui que ce soit de nos frères d'élire son père ou son frère ou son parent, à moins qu'il ne le connaisse *physiquement* (*sic*), et qu'il l'ait éprouvé de toutes manières. Il n'y a donc aucune préférence à faire sur le choix qui doit être *philosophique* et au cas que l'on aperçût quelque défaut dans son père, frère ou parent, il vaudrait mieux élire un étranger capable, afin qu'on ne puisse pas dire que nos mystères sont héréditaires.

9. — Quand même trois ou quatre frères seraient assemblés, ils ne peuvent en aucune manière faire faire profession à un de nos apprentifs, à moins de l'avoir sondé et reconnu de longue main pour un très bon sujet et qui s'applique beaucoup, étant donc d'un discernement profond et d'une raisonnabilité à toute épreuve et qui de plus aye une forte envie de s'attacher par des nœuds indissolubles à notre ordre.

10. — Le grade d'apprentif doit durer deux ans pour pendant ce temps être instruit de nos mystères, qui sont la saine science dépouillée de tous les faux préjugés des sçavants prétendus du siècle.

11. — Aussitôt qu'un de nos frères aura fait profession, il doit commencer à travailler se recommandant à Dieu et que, par conséquent, il ne secourera que les nécessiteux, bons chrétiens, vertueux et humbles de cœur, sincères, sans ambition, sans rancune pour les maux ou injures reçues, d'où l'on conclut que tous les tyrans et autres méchants sont exclus de nos secours et même ceux qui pourraient le devenir s'ils étaient à leur aise. Il faut donc bien connaître, avant de faire du bien à quelqu'un, à moins qu'on ne soit absolument inspiré pour le faire, ce que nos frères savent bien distinguer.

12. — L'on défend d'écrire ou d'imprimer la moindre chose de nos mystères, et si pour son propre usage on soit obligé de mettre quelque chose par écrit, qu'on le fasse avec nos énigmes et hiéroglyphes accoutumées, usant ainsi de stéganographie pour souvent exprimer des termes indispensablement nécessaires dans nos secrets de nature.

13. — Il est aussi défendu de publier la moindre chose contre notre art et nos mystères.

14. — Quand nos frères voudront parler de choses qui regardent notre ordre et nos mystères, il faudra que cela se fasse dans un lieu clos et bien à l'abri des profanes.

15. — Quand un frère communique ou donne quelque chose à un frère de l'ordre, que cela se fasse gratis pour qu'il ne soit pas dit que les dons de Dieu sont vénaux.

16. — Il est absolument défendu de montrer ses travaux ou leurs résultats aux profanes ou aux maçons qui ne sont pas de notre ordre.

17. — Les frères éviteront les grandes assemblées et la grande conversation avec les profanes, et ne chercheront pas à se marier ; si cependant ils ne peuvent se passer de femme, on leur permet d'avoir chacun la sienne, à condition qu'ils vivent avec elle *philosophiquement* et ne la laissent pas converser avec les jeunes frères, mais seulement avec ceux que l'âge a rendus prudents pour éviter les conséquences dont nous avons vu les tristes effets l'an 1661 ; et qu'il aye égard à l'honneur de ses enfants comme au sien propre.

18. — L'on défend expressément de faire des choses miraculeuses en présence des profanes, car cela peut aisément trahir son auteur comme il est arrivé à Rome, l'an 1610. Mais entre les frères cela est permis.

19. — Comme nous perdîmes deux de nos frères l'an 1641, à Vienne, en Autriche, pour avoir eu l'imprudence de se donner à connaître à des profanes, et surtout aux soi-disant jésuites, il fut défendu sévèrement de recevoir aucun Autrichien ou sujet de ces pays héréditaires et même de leur donner l'aumône ; or, comme cela paraît contraire à la charité, nous supprimons entièrement notre défense, et défendons expressément le commerce avec les jésuites sus-dits comme excréments de l'enfer, n'étant bon que pour leurs intérêts propres.

20. — Un frère ne travaillera jamais s'il n'est aidé par un de nos frères, s'il a besoin d'aide ; il doit s'en passer plutôt que d'employer un profane tel qu'il puisse être.

21. — Quand un de nos frères sera invité à manger chez quelqu'un de nos frères comme l'équité l'ordonne quelquefois, il faut que celui qui invite, tache d'instruire son hôte s'il est plus instruit qu'eux, et au cas qu'il n'y aye pas des profanes de la partie.

22. — L'article 7 ne pouvant pas toujours avoir lieu dans la première classe, il ne sera point imputé à celui qui aura pris un lundi pour le dimanche ou tels jours de la semaine qu'il jugera à propos, pourvu que tout se fasse avec discernement pour être seul, mais puisque nous vivons avec les profanes, il est bon que plusieurs frères ensemble y mangent puisque leur prudence ne sera que plus assurée.

23. — Les frères éviteront toute familiarité avec les filles et les femmes,

vivant chrétiennement tant de paroles qu'en faits et se rendront irréprochables.

24. — Un frère interrogé sur ce qui concerne notre ordre doit affecter une ignorance entière de ses mystères et même son existence.

25. — Il est défendu expressément de recevoir un homme marié puisqu'il ne pourrait s'aimer pour vivre avec sa femme *philosophiquement* sans que cela ne portât préjudice à leur société qui serait bientôt troublée, à moins que l'âge mûr des deux ne puisse autoriser cette réception sans préjudice à l'amitié qui doit régner entre époux; dans ce cas il faut que le candidat s'éloigne petit à petit des embrassements de son épouse, afin que par le motif d'âge et d'impuissance supposée, il se trouve isolé de tout obstacle à nos mystères.

26. — Tous nos frères doivent être vertueux et même ennemis d l'ombre du vice ; c'est pourquoi ils doivent avoir les qualités suivante : 1° Ils doivent être secrets ; 2° un esprit constant ; 3° diligents dans leur travail et ennemi de toute paresse ; 4° sçavants ; 5° intelligents ; 6° avoir beaucoup de lecture ; 7° être d'une humeur posée et tranquille ; 8° être isolé de toute charge qui lui ote sa pleine liberte ; 9° qu'il soit seul à moins qu'il n'ait un unique compagnon fidele ; 10° qu'il ne soit pas pauvre ; 11° qu'il soit honnête dans sa conduite et dans ses ajustements et qu'il aye horreur du vice et tout péché ; 12° craignant Dieu 13° miséricordieux ; 14° qu'il prie Dieu avec ferveur, qu'il daigne bénir ses travaux et entreprises. Enfin celui qui n'est ainsi et ne veut pas le devenir, cherche vainement les moyens pour être véritablement des nôtres.

A la suite de ces statuts on lit :

APPENDICE NÉCESSAIRE.

Nous sommes obligés d'avertir que le fameux ordre des princes chevaliers de Rose Croix est divisé en différentes classes ; la science en est la cause, leurs grands mystères en général est la pierre des sages qui est de deux espèces, l'une théologique, l'autre philosophique. La théologique est pour la vie éternelle et transforme l'homme de l'état de corruption naturelle du péché en une sainteté parfaite pour la vie éternelle ; mais la pierre philosophique ne peut que donner la santé du corps maladif, soit humain ou animal quelconque ou végétal ou même métallique ; c'est pourquoi celle-ci en procure un éternel bien préférable à tout autre. C'est cette dernière pierre élementaire qui est l'objet des frères chevaliers de la Croix d'Or qui conduit au plus grand secret de la nature, comme la pierre théologique conduit aux mystères les plus sublimes de la divinité incarnée. L'ancien salut de nos frères, en général, était autrefois *ave*, *frater*, l'on répondait *rosæ crucis* si l'on était de la Rose Croix, et *auræ crucis* si l'on était de la Croix d'Or ou bien *rosæ et auræ crucis* si l'on était des deux ensemble ; mais la plus grande partie méprise le temporel, cependant l'on voit qu'il faut être l'un et l'autre.

APPENDICE III

TROIS DOCUMENTS INDIQUANT L'OPINION COURANTE SUR LES JUIFS CONVERTIS EN PROVENCE AU XVIIe ET AU XVIIIe SIÈCLE.

I

Remontrances sur les désordres qui sont à la cour du Parlement de Provence à cause des grandes parentés et alliances des néophytes, faites en face des néophytes, en l'an 1601 au Roy Henri IV lors de son entrée, à Aix, par M. de Monier avocat-général au Parlement d'Aix [1].

Après que la Provence fut unie à cet état, d'autant que Philippe le Bel avait déjà chassé les Juifs de la France, reconnaissant qu'il n'y avait rien de plus contraire à l'humeur et franchise de notre nation que la perfidie judaïque, et que ces gens conspiraient toujours secrètement contre les chrétiens, ils les firent (sic) aussi chasser de la Provence ; mais quelques-uns d'entre eux qui s'étaient retirés à Avignon, marris d'être dépouillés de

1. Ces remontrances ne sont connues que par la copie que prétendait en avoir Barcilon l'auteur de la *Critique du nobiliaire de Provence,* dont nous reproduisons la préface comme le document III de cet appendice. Les histoires de Provence ne parlent pas d'une entrée d'Henry IV à Aix. Mais ces remontrances sont bien dans le style et dans les idées de l'époque. D'autre part nous savons que M. de Monier avait été un des magistrats fidèles à la cause royaliste durant les troubles de la Ligue et le passage suivant de l'*Histoire de Provence* par de Gaufridy conseiller au Parlement de Provence en 1660 (1694 in-folio Aix) raconte les mêmes faits avec une nuance dans les appréciations dont on se rendra compte :
« Le roi Louis XII ne laissait pas de veiller à la tranquillité du royaume. Il s'en vit en Provence une grande épreuve. Les Provençaux avaient fait en divers temps de grandes plaintes des vexations que faisaient les Juifs par leurs prêts, de l'impuissance où tout le monde était réduit par le débordement de leurs usures. Mais ces plaintes s'étaient toujours faites inutilement. Comme elles furent renouvelées en ce temps-là, le roi y apporta un si bon ordre qu'il en sera mémoire éternellement. » [Gaufridy expose que c'est par l'exercice de la médecine que dès le Moyen-Age les Juifs s'étaient rendus nécessaires et qu'on n'avait pas observé le concile d'Avignon de 1337 qui défendait aux Chrétiens de se servir de médecins et de chirurgiens Juifs...] « Le roi René en avait toujours auprès de sa personne, ajoute-t-il. Il en faisait tant de cas que pour l'amour d'eux il permit à tous les Juifs de tenir des fermes, d'être procureurs et clavaires. Leur faveur n'alla pas plus loin : au contraire elle commença à diminuer peu à peu après l'union de la Provence à la couronne de France. Comme ils virent ce changement,

leurs commodités et privés de la tyrannie qu'ils exerçaient par le moyen des usures, suivant le conseil de la synagogue de Constantinople et autres villes du Levant, résolurent de se convertir à la religion chrétienne en apparence, pour se rétablir et se venger des chrétiens. Et à ces fins trois d'entre eux se firent baptiser sous divers noms........................

[L'auteur des remontrances cite les noms de trois Juifs tige de trois familles importantes à l'époque où il parlait par les charges qu'elles avaient dans le Parlement. Il prétend que leur conversion fut simulée et qu'ils durent à l'usure les richesses considérables qu'ils acquirent. Puis il poursuit ainsi qu'il suit :]

Plusieurs à leur imitation s'étant fait baptiser et s'étant joints avec eux ont aussi acquis de grandes facultés. On les a toujours appelés au pays *Néophytes*, c'est-à-dire nouveaux chrétiens, comme en Portugal on les appelait *christianos nievos*. — Le roi Louis XII au commencement de son règne étant averti de leur usure et malversation avait résolu de les chasser de Provence, mais ils firent quelques offres à S. M. de sorte que pour la nécessité de ses affaires et pour subvenir aux frais de la guerre d'Italie, il se contenta d'imposer sur eux une certaine somme qui fut levée et tous ceux de cette qualité furent cotisés comme il appert par les registres de la

ils essayèrent de se maintenir par des contributions extraordinaires. Mais enfin les plaintes de leurs usures excessives obligèrent le roi Charles VIII à les réprimer et à délivrer même la Provence de cette vermine. Pour cela il fit un édit en 1498, par lequel il fut enjoint à tous les Juifs de quitter leur religion ou de vider le royaume. Dès que la publication en fut faite, plusieurs prirent le dernier parti. Ils se retirèrent dans les contrées voisines. Quelques-uns, ou par la considération de leurs familles, ou par celle de leurs établissements, préférèrent la facilité de se faire chrétiens à l'incommodité d'un déménagement et des voyages. Mais comme on exécuta l'ordre avec molesse, la plupart demeurèrent comme ils étaient auparavant. Enfin le Roi renouvela en cette année l'édit que son devancier avait fait : sans doute fut-il importuné des mêmes plaintes. On a dit qu'il le fit pour éloigner de Provence plusieurs de ceux d'Espagne qui s'y étaient venus établir, quand Ferdinand, roi d'Aragon les eut chassés de ses Etats, d'où il fit vider plus de 800,000 âmes. Quoi qu'il en soit l'édit fut exécuté à la rigueur. Ainsi ces gens se virent pressés de prendre parti. Les uns quittèrent le pays, les autres s'y arrêtèrent à la faveur du baptême. Mais comme ces nouveaux baptisés persistèrent dans leur commerce ordinaire ; que dans leurs prêts, dans leurs ventes et dans leurs autres actions, ils paraissaient autant Juifs que jamais, on crut qu'ils l'étaient encore effectivement, et que, suivant les préceptes de leurs Rabins, sous l'apparence de la nouvelle religion, ils gardaient toujours dans le cœur la loi de Moïse. Ce fut assurément pour cette raison seule qu'ils furent méprisés comme auparavant et qu'ils demeurèrent fort longtemps sans pouvoir s'allier par mariages qu'entre eux-mêmes. Peut-être ce fut aussi par la même cause qu'en l'année 1512, le Roi, sous prétexte de la nécessité de la guerre, fit une imposition sur eux dont ils firent eux-mêmes le régalement sur chaque particulier et la levée. Quoi qu'il en soit, la mémoire de toutes ces choses s'est abolie depuis que ces gens en embrassant la religion chrétienne, sont entrés dans la possession des charges, des offices, des fiefs. » (T. I, pp. 386 à 388).

chambre des comptes de Provence. — Et d'autant qu'on avait résolu de les exterminer et cependant de continuer sur eux de grandes impositions et qu'ils étaient détestés et méprisés publiquement, pleins d'opprobres et d'ignominies, qu'ils ne pouvaient parvenir à aucune *dignité ecclésiastique*, parce que les anciennes constitutions *canoniques et* les conciles y résisaientt ny aussi en la moindre charge publique en quelque ville qu'ils habitassent, et quoiqu'ils n'aient manqué de brigue ni de corruptions, jamais ils n'y ont été élevés, tant ils sont odieux par leur malice et perfidie ; après avoir longtemps cherché quelque moyen pour s'établir, s'affranchir de ces impositions et s'acquérir quelque sorte d'honneur et d'autorité. Enfin la vénalité des offices introduite par le Roy François I et le malheur des guerres leur a servi de planche aux charges et dignités de la justice, qui sont les plus importantes et desquelles ils devraient être plutôt exclus que des autres, d'autant qu'elles leur donnent pouvoir sur la vie, l'honneur et les biens des chrétiens et conséquemment plus de moyens d'exercer les effets de leur avarice et de leur vengeance.

[Les remontrances continuent en faisant le procès d'une famille qui sous Charles IX avait acheté plusieurs charges au Parlement de Provence. Elles signalent très vivement les abus résultant de la présence dans la cour de plusieurs parents et alliés. On trouve dans ces violentes incriminations la preuve de l'hostilité qu'avaient les anciennes familles de la noblesse ou de la robe contre les enrichis récents — et ils étaient nombreux au milieu des troubles politiques et des crises économiques du XVIe siècle. — Grâce à la vénalité des charges de judicature ces *nouvelles couches* s'élevaient rapidement aux premiers rangs. Mais nous laissons à l'écart ce côté, fort curieux au point de vue de l'histoire sociale, des remontrances de M. de Monier pour reproduire exclusivement ce qui a trait aux *Néophytes* Juifs. Il prétend en effet que la famille qui cumulait ainsi des charges au Parlement descendait de l'un des trois Juifs baptizés sous Charles VIII[1].]

Ce serait une gloire digne de sa majesté, ajoute-t-il, que imitant les actions de Philippe le Bel son aïeul, il chassât cette vermine de gens, sinon de France du moins des compagnies souveraines et même de celle de Provence qui en est le plus infectée. A quoi sa Majesté doit

1. L'extrait de l'*histoire de Provence* du conseiller de Gaufridy qu'on a pu lire à la note précédente justifie pleinement notre jugement sur ces remontrances. Nous ajouterons qu'une enquête faite vers 1700 pour l'admission dans l'ordre de Malte d'un des membres de la famille incriminée par l'avocat général de Monier et qui existe dans les Archives départementales des Hautes-Alpes a pleinement démontré la fausseté de l'accusation d'origine Judaïque dirigée contre elle. En résumé une *question Juive* avait existé en Provence au XVIe siècle et dans les premières années du siècle suivant. Mais comme de nos jours beaucoup de passions particulières se donnaient carrière sous ce couvert.

d'autant plus volontiers se disposer que sa conscience y est obligée par les lois et par la raison. — Car les lois ecclésiastiques rendent ces néophytes indignes d'aspirer aux charges publiques, et même il n'y a pas longtemps que les Jésuites et autres principaux ordres de la chrétienté en leurs chapitres et assemblées ont fait une résolution de n'en recevoir aucun qui n'ait passé la septième race et ceux-ci n'ont pas encore passé la troisième. Aussi en Espagne du côté de Valence et Mayorque, ils ne les admettent aux charges temporelles qu'après la septième génération ou race, les tiennent désormais tributaires et comme esclaves. Au Parlement de Toulouse ils n'en ont jamais voulu recevoir aucun en l'administration de la justice. Faut-il que le seul parlement de Provence soit rempli de cette ordure et les sujets du roy sujets à leur domination? — Du temps des Comtes de Provence ils n'avaient jamais osé aspirer à ces desseins. Leurs statuts sont pleins de menaces contre les usures et autres méchancetés de cette race maudite. Quelle apparence qu'ils soient tolérés et favorisés sous les Roys de France! Quant aux raisons elles sont si grandes! Premièrement ils ne sont chrétiens qu'en apparence et en effet ils observent leur ancienne religion, ont de particulières cérémonies parmi eux et contribuent à l'entretiennement des Juifs d'Avignon, et il n'y a pas longtemps qu'un juif d'Avignon vint faire une quête à Aix et étant entré par mécompte en la maison d'un qui n'était pas néophyte, il demanda le tribut avec plusieurs paroles execrables contre Notre Seigneur Jésus-Christ. Il en fut informé et aussitôt cela fut assoupi par leurs artifices et intrigues; mais il serait facile d'en avoir la preuve pour les convaincre et les châtier. — Ils sont si unis entre eux que lorsqu'il est question de s'avancer, d'acheter quelqu'office tous se cotisent et ordinairement ils font des assemblées et monopoles et conspirent secrètement contre les chrétiens; chose fort dangereuse en un état ou dans l'administration de la justice, car on remarque que ces gens là ont une cabale et une si étroite liaison qu'ils n'ont qu'une même volonté et pour faire une injustice ils se prêtent la conscience les uns aux autres. — Il se sont tellement enrichis par le moyen des usures et autres moyens illicites qu'ils sont les plus riches de la province de sorte qu'avec l'argent ils s'établiront en toutes les charges qui viendront à vaquer, n'étant pas marris d'acheter en gros ce qu'ils vendent en détail et d'ailleurs pour être en honneur et autorisés ils n'épargnent rien, car ils ont mille moyens de s'enrichir et de se remplacer ce qu'ils ont financé. Semblables aux Aristocratides entre les Atheniens, qui entrant aux charges publiques croyaient aller à une maison d'or. — Ils ont cette curiosité qu'ils veulent savoir ce qui se fait dans toute la province jusque dans les maisons des particuliers, et parce qu'ils ne rendent la justice qu'à dessein pour obliger les uns pour faveur et intimider les autres pour vengeance, ils font par ce moyen ce qu'ils veulent et acquierent ce que bon leur semble à quel prix qu'ils désirent. — Aussi les abus qu'ils commettent, leurs parentés, leurs alliances, sont cause qu'on ne voit que d'évocations et de plaintes contre le parlement de Provence[1]. Ceux-mêmes qui sont magis-

1. Gaufridy dans *l'histoire de Provence* indique discrètement les plaintes aux-

trats, outre les usures qui leur sont familières marchandent et vendent jusques aux denrées et font toutes sortes de metiers sordides pour s'enrichir. Mais ce qui est plus à craindre, c'est qu'ayant la religion et la volonté du tout étrangère et aliénée de la France et du christianisme, ils se rendront si forts qu'enfin ils perdront la Provence, et quand ils n'en auraient pas la volonté, l'avarice les possède tellement, que comme ils ont vendu Notre Seigneur ils vendront aisement leur fidélité et eux-mêmes, pour la mettre entre les mains des étrangers. Et pour le voir clairement dans les derniers troubles, aucun d'eux n'a été serviteur du Roy, tous s'etant jetés à Avignon, lieu de leur origine ; car ils n'affectent rien plus que d'être sous la domination des Papes, d'autant que leurs synagogues ne sont reçues qu'aux terres de l'Eglise. — On voit en eux des signes de la malédiction de Dieu tous apparents ; car les uns pissent le sang les jours de vendredi ; les autres qui sont descendus de ceux qui avaient craché contre Notre Seigneur, quand ils crachent les crachats retombent sur eux. Quelle honte de les voir autorisés en un royaume chrétien ! De sorte que c'est une chose trop dangereuse de tolerer ces gens-là en une province frontière et leur donner une si grande autorité et leur permettre qu'ils s'établissent en telle sorte qu'ils sont les plus forts. — Donc pour pourvoir à cet abus et délivrer les sujets du roy de tant d'oppression, il semble qu'il serait bien de les chasser de la Provence et confisquer leurs biens qui valent plus d'un million d'or à tout ; évènement en leur laissant leurs biens, les priver des charges publiques qu'ils exercent qui valent plus de 150,000 écus, et, quand on en vendrait, rendre ce qu'ils ont financé et remplir leur place de gens d'honneur et bons serviteurs du Roi. Sa M. y gagnerait plus de 50,000 ecus, de quoi les Etats en feront des remontrances et de tres humbles supplications à sa Majesté. Et en ce cas il faudrait constituer sur eux ces impositions que le Roi Louis XII avait établies et prendre tant pour cent de leurs facultés. — Le sieur Vidame de Chartres, en a un brevet et permission de S. M. mais il serait plus à propos que le roi y mit la main et il pourrait tirer un secours notable pour les entretiennements de ses galéres et de ses garnisons. — Mais en toute façon il semble que sa Majesté ne doit souffrir les grandes parentés et alliances qui sont plus dangereuses en ces gens-là parce qu'ils n'ont qu'une même volonté de mal faire, et même au parquet où de quatre ils veulent être trois proches parents pour le moins. Il ne faut pas rendre les néophytes de meilleure condition que ceux de la religion et faut qu'ils se contentent d'être mi-partis.

[Ici suit un rôle de douze membres du Parlement faisant partie des trois familles d'origine prétendue juive que M. de Monier a dénoncées dans les remontrances ci-dessus. Il ajoute] :

« S'il est nécessaire on justifiera le rôle ci-dessus transcrit et tout le contenu du présent mémoire par extraits et registres de la cour et autres pièces authentiques.

quelles les cabales de famille donnaient lieu contre le Parlement. Après le rétablissement de l'autorité royale en 1596, le Parlement protesta au sein des Etats de Provence contre les plaintes dont il était l'objet.

II

En 1640 l'abbé Bouis, prêtre d'Arles, publiait à Avignon un livre, aujourd'hui rarissime, intitulé *La royale couronne des roys d'Arles dédiée à messrs les consuls et gouverneurs de la ville* (in-4o.) Il y raconte que les Juifs d'Arles se voyant menacés d'une prochaine expulsion par les consuls de la ville avaient en 1489 écrit une lettre aux Juifs de Constantinople pour leur demander conseil sur la conduite à tenir dans ces circonstances critiques. L'abbé Bouis en publie le texte ainsi que la réponse des Juifs de Constantinople dont voici la traduction :

« Bien aimés frères en Moïse, nous avons reçu votre lettre dans laquelle vous nous faites connaître les anxiétés et les infortunes que vous endurez. Nous en avons été pénétrés d'une aussi grande peine que vous-mêmes.

« L'avis des *grands Satrapes* et rabbins est le suivant. — A ce que vous dîtes que le roi de France vous oblige à vous faire chrétiens : *faites-le*, puisque vous ne pouvez faire autrement ; *mais que la loi de Moïse se conserve en votre cœur.*

A ce que vous dîtes, qu'on commande de vous dépouiller de vos biens ; *faites vos enfants marchands, afin que peu à peu, ils dépouillent les chrétiens des leurs.*

A ce que vous dîtes qu'on attente à vos vies : *faites vos enfants médecins et apothicaires, afin qu'ils ôtent aux chrétiens leurs vies.*

« A ce que vous dîtes qu'ils détruisent vos synagogues : « *faites vos enfants chanoines et clercs, afin qu'ils détruisent leurs églises.*

« A ce que vous dîtes qu'on vous fait bien d'autres vexations : faites en sorte que vos enfants soient avocats et notaires, et que toujours ils se mêlent des affaires des Etats, afin que, en mettant les chrétiens sous votre joug, vous dominiez le monde, et vous puissiez vous venger d'eux.

Ne vous écartez pas de cet ordre que nous vous donnons, parce que vous verrez, par expérience que d'abaissés que vous êtes, vous arriverez au faîte de la puissance.

V. S. S. V. F. F. prince des Juifs de Constantinople le 21 de Gasleu, 1489[1].

L'abbé Bouis publie cette lettre ainsi que la consultation des Juifs de Provence en espagnol et prétend les avoir tirées « d'une vieille copie des archives d'une des plus fameuses abbayes de Provence. »

1. Ces lettres ont été publiées de nouveau par M. l'abbé Chabauty dans son livre *Les Juifs nos maîtres, Documents et développements nouveaux sur la question juive*) un vol. in-12. Paris, Palmé, 1882, où il s'est efforcé de prouver leur authenticité. V. en sens contraire *La Revue des Études Juives*, t. I (1881) p. 219 et p. 301, articles de MM. Darmesteter et Morel-Fatio.

Par le préambule des remontrances de l'avocat général de Monier on voit qu'au commencement du XVIIIe siécle cette prétendue consultation et cette réponse étaient déjà connues.

On les trouve en effet, avec quelques variantes insignifiantes, imprimées dans un ouvrage espagnol publié à Paris en 1583 par un gentilhomme Navarrais *La Silva curiosa de Julian de Medrano caballero Navarro en que se tratan diversas cosas sutilisimas y curiosas, muy convienrentes pare damas y caballeros en toda conversauon virtuosa y honesta* (Paris Nicolas Chesneau 1583 in 8°). Mais dans cet ouvrage ces lettres sont données comme une consultation des Juifs d'Espagne et non plus d'Arles : c'est aussi aux Juifs d'Espagne que la réponse est adressée ; enfin c'est dans les archives de Tolède que l'on prétend avoir trouvé ces lettres.

Effectivement il existe plusieurs copies de ces lettres dans diverses bibliothèques de l'Espagne. Nous ne les regardons pas comme authentiques. Elles nous paraissent l'œuvre de quelque chrétien espagnol du XVIe siècle, qui après l'expulsion des Juifs voulait pousser les autorités civiles et ecclésiastiques à prendre des mesures de précaution contre les nouveaux convertis. Il employait un procédé de polémique fort usité à cette époque et les plaisanteries classiques contre les médecins et les avocats donnent à cette élucubration son vrai caractère. Il y avait en effet en Espagne au XVIe siècle un mouvement d'opinion national beaucoup plus que religieux, qui poussait à l'expulsion du pays de tous les éléments étrangers.

Le succès, que cette invention eut dans tous les pays où les chrétiens se trouvaient en contact avec des Juifs et des convertis, peut être considéré par une saine critique comme une preuve de la fausseté de ces conversions et de la longue continuité de leur judaïsme secret. Sans cela la légende de cette consultation des Juifs de Constantinople, qui exprime d'une manière si expressive l'esprit de secte persistant chez ces néophytes, ne se serait pas perpétuée pendant plus de deux siècles.

On y croyait encore en effet en Provence au commencement du XVIIIe siècle comme le prouve l'extrait suivant d'un ouvrage resté manuscrit, parce que le gouvernement refusa l'autorisation de l'imprimer, mais répandu à de nombreuses copies.

III

Extrait de la Préface de la Critique du Nobiliaire de Provence par Barcilon de Mauvans.

... Mais enfin les Juifs continuant toujours leurs usures et leurs malversations, Charles VIII fatigué tous les jours des plaintes qu'on faisait, fit un édit portant qu'ils se laveraient de l'eau du baptême ou qu'ils eussent à vuider le Royaume. A la publication de cet édit, toutes les synagogues du Royaume furent détruites dans un jour, et tous les Juifs se cachèrent : Plusieurs pour ne pas quitter leurs biens furent contraints de recevoir le baptême ; ils suivirent le conseil des Juifs de Constantinople que les Juifs d'Espagne leur communiquèrent. Ils se ravisèrent sur l'infortune de ceux-ci : ils suivirent exactement les préceptes qui se trouvent dans la lettre escrite par les rabbins de Constantinople en réponse de celle escrite par les Juifs d'Espagne dont ils ne seeurent pas profiter. En voici la teneur qui nous montre au naturel l'esprit de la nation judaïque.....

....

Les néophytes de Provence suivant cet ordre se faisaient de toutes sortes de métiers, la plupart s'attachèrent au Palais; et depuis la venalité des charges, ouverte par le roy François I, facilités par les troubles de la ligue en Provence sous les roys Charles IX et Henri III, les néophytes s'établirent en si grand nombre au Parlement d'Aix qu'ils s'y rendirent les plus forts ; ils acquirent le greffe civil du Parlement, un néophyte estoit greffier en chef. Il remplissait les places des audienciers et des commis des gens de sa nation, les arrêts, les décrets, les ordonnances, les sacs et les pièces étaient en son pouvoir. Ils estaient maîtres du Parquet. De quatre gens du Roy, trois estaient de race judaïque, de conseillers et de présidents, le père et trois frères en remplissoient les charges. Estant maîtres dans le Parlement, ils estaient maîtres en Provence. Ils s'étaient établis dans la cour des Comptes pour être les maîtres des archives du Roy dont ils ont tiré toutes les chartes, lettres patentes et les actes qui n'étaient pas avantageux à leur nation. Enfin il advint tant de désordre, tant de tyrannie, d'oppression et de violence du grand crédit et de l'autorité des néophytes, que l'avocat général Monier fit cette belle remontrance au Roy Henri IV contre les néophytes du Parlement, où il représenta si au long leurs pernicieux desseins et leurs méchantes pratiques qu'il faudrait un volume entier pour la faire voir ici au long. Elle estait dans les registres du Parlement par ordre du Roy Henry IV ; mais elle en a été tirée par le crédit des néophytes, je l'ai vue dans les cabinets des curieux. J'en ai un extrait [1]. On y voit au naturel le portrait des gens issus de race judaïque, leur envie, leur perfidie, leur avarice, leur usure, leur rapine et leur tyrannie, décrite avec une merveilleuse éloquence pour ce temps. Son but était de persuader au Roy l'extirpation entière de cette nation en France depuis longtemps résolue par ses prédécesseurs Roys, ou du moins de défendre l'entrée du Parlement et des autres corps ou communautés aux néophytes, les déclarer indignes d'y estre reçus. Il se réduisit et conclut à ce qu'il plut au moins au roy de ne pas leur donner la dispense pour parenté...

Tant de cruauté, de barbaries et de désolation souffertes en Provence par la nation juifve, nous ont laissé une horreur pour les Juifs et pour ceux qui en sont issus, qui passe de père en fils, et qui ne s'effacera jamais de nos esprits. Nous nous en ressentons même encore tous les jours dans les alliances, dans les traités et dans le commerce que nous avons avec eux. Que ce soit nobles, que ce soit juges, que ce soit marchands ou artisans, nous trouvons en eux cet esprit, ce caractère de nation judaïque, d'envie, de

1. C'est cet extrait que nous avons reproduit comme le Document I du présent appendice.

trahison et de perfidie, d'avarice et de cruauté. On n'y prend presque pas garde dans le reste du royaume ; ils en ont été chassés, ou si accablés d'impôts qu'ils ont été obligés de quitter le pays ; ils se réfugiaient en Provence où ils ont été reçus et protégés. Ce n'est que depuis la réunion de la Comté de Provence à la couronne qu'ils ont été chassés ou obligés de se laver par les sacrées eaux du baptême. Depuis ils n'ont plus judaïsé et célébré le jour du sabbat qu'en secret et le jour du dimanche en public.

Il est si vray que ces familles judaïques judaïsent toujours qu'il m'a esté rapporté par une personne de distinction et de probité connue, qu'estant en débauche avec des jeunes gens comme luy au cabaret, ils avaient parmi eux deux jeunes hommes de famille hébraïque chrestiens en public depuis cinq générations. Dans la chaleur du vin ils mirent tous leurs membres virils sur une assiette. Les néophytes, malgré qu'ils en eussent, furent obligés de mettre les leurs comme les autres, on vit qu'ils étaient circoncis. A cette vue il se leva une huée que les faux néophytes ne purent pas soutenir.

Si les néophytes pratiquent toujours leurs mystères secrètement, ils conservent aussy toujours à l'égard des chrétiens leur esprit d'envie, d'avarice, de perfidie et de cruauté. Ils sont toujours nos ennemis irréconciliables, d'autant plus dangereux qu'ils sont secrets et cachés sous les noms d'amis et d'alliés. Pour les éviter j'ai fait dans cette préface un abrégé de l'histoire des Juifs de Provence et le dénombrement à la fin de ce livre de toutes les familles de nouveaux chrestiens de race judaïque qui comme tels furent dénommés pour estre taxés conformément à la déclaration du Roy Louis XII l'an 1512 dont Gervais de Beaumont, premier président au parlement d'Aix fut chargé de l'exécution. J'ai l'extrait collationné des archives signé : Tisaty ; j'ai trouvé encore les verbaux des baptêmes des familles de race judaïque, baptisées depuis cette cotisation jusques aujourd'huy, dans divers notaires dont ils ont soustrait la plus grande partie des originaux ; mais j'ai vu les anciens extraits dans les cabinets des curieux qui valent les originaux.

Nota. — Cette critique de (« l'État de la Provence dans sa noblesse, » par l'abbé Robert de Bianҫon), d'après l'état des familles dont elle parle, a dû être écrite pendant les premières années du XVIIIe siècle. Peut-être même une partie était-elle déjà faite en 1700.

TABLE DES MATIÈRES

I. — Les traditions Manichéennes et Templières.... 1
II. — Rapports des Francs-Maçons avec les anciennes corporations des *Freemasons* et des *Steinmetzen*.... 4
III. — Le caractère naturaliste et antichrétien des loges.... 7
IV. — Le *Pantheisticon* de Toland et les sodalités socratiques.... 9
V. — Spinoza et la *Nova Atlantis* de Bacon.... 14
VI. — La confrérie des Rose-Croix.... 17
VII. — Les Athéistes de Toulouse.... 24
VIII — La propagande antisociale et antichrétienne du XVIe siècle.... 25
IX. — Les Sociniens et le Convent de Vicence en 1546.... 30
X. — L'*Heptaplomères* de Jean Bodin.... 31
XI. — La propagande socinienne et les Déistes Anglais.... 34
XII. — Amos Commenus. La guerre à la papauté et à la maison d'Autriche préparée au milieu du XVIIe siècle.... 35
XIII. — L'Humanisme et la Renaissance païenne en Italie.... 37
XIV. — La secte antichrétienne et les compagnonages.... 39
XV. — Le Judaïsme et la société chrétienne au XVIe siècle.... 43
XVI. — Les Juifs en Angleterre au XVIe et au XVIIe siècle.... 47
XVII. — Les Juifs en France au XVIe et au XVIIe siècle.... 50
XVIII. — Le rôle des Juifs dans la Maçonnerie au XVIIIe siècle.... 53

Appendice I. — De la Franc-Maçonnerie Orientale ou de la Secte dss Ismaéliens.... 56
Appendice II. — Status et loix des frères de la Rose-Croix d'après un manuscrit du XVIIIe siècle.... 62
Appendice III. — Trois documents indiquant l'opinion courante en Provence sur les Juifs convertis au XVIIe et au XVIIIe siècle.... 67

Nantes. — Imp. Vincent Forest et Émile Grimaud, place du Commerce, 4.

www.ingramcontent.com/pod-product-compliance
Ingram Content Group UK Ltd.
Pitfield, Milton Keynes, MK11 3LW, UK
UKHW031934260826
14628UKWH00004B/1619

9 782019 127961